L'auteur remercie la Fondation Perras et le Fonds d'aide à l'édition
de la Communauté de Sainte-Croix pour leur soutien.

Illustrations de Stéphane Jorisch

*Catalogage avant publication de Bibliothèque et Archives nationales
du Québec et Bibliothèque et Archives Canada*

Lefebvre, François, 1960-
Couple en crise: de la désillusion à la découverte
ISBN 978-2-7621-2723-2
1. Couples. 2. Amour. 3. Relations entre hommes et femmes. I. Titre.
HQ801.L43 2008 306.872 C2008-940123-9

Dépôt légal: 1er trimestre 2008
Bibliothèque et Archives nationales du Québec

Les Éditions Fides reconnaissent l'aide financière du gouvernement du Canada
par l'entremise du Programme d'aide au développement de l'industrie
de l'édition (PADIÉ) pour leurs activités d'édition. Les Éditions Fides
remercient de leur soutien financier le Conseil des Arts du Canada
et la Société de développement des entreprises culturelles du Québec (SODEC).
Les Éditions Fides bénéficient du Programme de crédit d'impôt pour
l'édition de livres du Gouvernement du Québec, géré par la SODEC.

IMPRIMÉ AU CANADA EN FÉVRIER 2008

François Lefebvre

Couple en crise

De la désillusion à la découverte

Illustrations de Stéphane Jorisch

FIDES

Introduction

LE COUP DE FOUDRE bouleverse celui ou celle qu'il atteint et pare l'être aimé d'un idéal particulier. Puis le temps fait son œuvre, et la magie s'estompe, banalisant ce qui était singulier. Pourtant, l'aura qui nimbe le prélude d'une relation et l'allure bancale qui lui succède sont autant de leurres, d'émanations de nos rêves ou de nos hontes cachées. Tel est le couple, lieu des projections et des désillusions par rapport à l'autre et à soi. Mon expérience auprès des couples m'a révélé que cette désillusion n'est pas nécessairement mortifère et qu'elle peut ouvrir sur de prometteuses découvertes de soi et de l'autre.

J'illustrerai mon propos en puisant dans la littérature. Divers personnages seront des témoins, comme Solal, dans *Belle du Seigneur*, d'Albert Cohen[1], séducteur, sous-secrétaire de l'Organisation des Nations unies. Il séduira et aimera Ariane, l'épouse d'un fonctionnaire travaillant sous ses ordres. Elle tombera sous son charme et tous deux voudront préserver leur amour contre la désillusion. Voici comment Solal décrit la mise en scène par laquelle il séduit Ariane, « la belle idiote » :

> Je commence la séduction... Il y faut quelques manèges... Faire le grand seigneur insolent, le romantique hors du social... Tout cela pour que l'idiote déduise que je suis de l'espèce miraculeuse des amants, le contraire d'un mari à laxatifs, une promesse de vie sublime. Le pauvre mari, lui, ne peut pas être poétique. Impossible de faire du théâtre vingt-quatre heures par jour. Vu tout le temps par elle, il est forcé d'être vrai, donc piteux. Tous les hommes sont piteux, y compris les séducteurs lorsqu'ils sont seuls et non en scène devant une idiote émerveillée. Tous piteux et moi le premier ! (p. 310-311)

L'idiote et le piteux forment un couple bien fragile dans lequel il est risqué d'être soi-même devant l'autre. Le romantique disparaît et fait place au mari ennuyant. La princesse du conte de fées devient la pauvre idiote. La vie de couple est ce bateau qui navigue entre le rêve qui a transformé l'autre en une personne singulière et la routine du quotidien

1. A. Cohen, *Belle du Seigneur*, Paris, Gallimard, 1968.

qui a enlevé tout son lustre au seigneur et à la princesse. Le parcours d'un couple peut être parsemé d'amères déceptions lorsque l'idéal vole en éclats et que le quotidien devient abrasif. Il arrive toutefois que la désillusion et le deuil de l'autre idéalisé permettent l'émergence d'une compagne ou d'un compagnon de vie. Dans cet ouvrage, les personnes déjà en couple ou celles sur le point de s'engager dans un tel sentier trouveront des pistes de réflexion. Aucune recette n'est proposée, seulement des balises entre lesquelles les couples s'aiment et tentent de poursuivre leur chemin malgré les aléas de la vie et du temps.

PARTIE 1

Entre mythes trompeurs et idéaux structurants

Des mythes trompeurs

DANS LA VIE AMOUREUSE, les idéaux et les rêves ont la vie dure. Ils ne sont cependant que des mythes. En effet, nous rêvons tous à l'amour, mais nous faisons tous face à une certaine désillusion. Nous présenterons ici certains de ces mythes et leurs effets néfastes sur le couple.

L'âme sœur

Quelqu'un, sur cette Terre, m'est destiné, me rendra heureux, heureuse.

Le mythe de l'âme sœur relève de la pensée magique selon laquelle une seule et unique personne serait la complice de toute une vie heureuse. La désillusion qui survient inévitablement dans un couple montre que l'un ou l'autre aurait pu choisir une autre personne avec qui cheminer ou, pire, que l'âme sœur n'est pas celui ou celle qu'on a choisi. Nous nous sommes trompés.

La désillusion peut donc être un moment de réalisme : « Tous deux, nous aurions pu vivre avec une autre personne, mais nous nous choisissons l'un l'autre. » Elle peut aussi être un moment de désenchantement et de recul face à l'autre dont nous croyons qu'il n'est pas la personne qui nous rendra heureux, heureuses. La recherche de l'âme sœur est alors relancée, ainsi que la suite de déceptions qu'elle engendre nécessairement.

Lorsque nous réalisons que l'autre n'est pas nécessairement l'unique personne avec qui nous aurions pu faire notre vie, l'inverse est également vrai : l'autre aurait pu faire sa vie et être heureux avec une autre personne. C'est peut-être cette dernière constatation qui heurte le plus, celle de constater que nous sommes « remplaçables », d'une certaine façon.

Quelle dégringolade nous attend, quand le mythe de l'âme sœur est déboulonné pour faire place à la possibilité de plusieurs choix amoureux tous valables ! Quelle déception, quand le prince charmant ou la belle au bois dormant se métamorphose en un être humain, trop humain, avec ses failles !

- L'attirance vers une autre personne me semble-t-elle incompatible avec la poursuite de ma relation amoureuse ?
- L'idée que j'aurais pu être heureux avec une autre personne entache-t-elle ma relation amoureuse ou me fait-elle sentir coupable ?

Un coup de foudre à l'épreuve du temps

Une relation amoureuse débute souvent dans la passion. L'autre est idéalisé. L'effacement, chez les deux partenaires, des défauts susceptibles d'entraîner de la déception, et le nivellement des différences génératrices de conflits maintiennent la passion amoureuse. Par une entente tacite, l'un est le miroir de l'autre et chacun retourne à l'être aimé une image idéalisée de lui-même. C'est l'entente parfaite, le moment béni où les deux ont l'impression d'être libres de contraintes ou de hontes personnelles. Les différences et les déceptions sont absentes de la relation. C'est le bonheur parfait, et cela jusqu'au moment où l'autre cesse d'être tel que souhaité.

Soyons impeccables l'un pour l'autre afin de ne pas tuer notre amour.

Solal, le héros de *Belle du Seigneur*, déplore que les femmes ne soient pas telles qu'il les rêve. Loin d'être ces vierges vouées à leur époux comme une mère à son enfant, elles aiment l'homme dans son « animalité », ce « gorille faisant des gorilleries », créature pulsionnelle loin du noble idéal de la chevalerie.

> [...] j'enrage qu'elles (les femmes) ne soient pas comme elles méritent d'être, comme elles sont au fond de mon cœur. Elles sont des anges, et je le sais... Comment est-ce possible, elles, les douces et tendres, elles, mon idéal et ma religion, elles, d'aimer les gorilles et leurs gorilleries ? (p. 320)

Une femme telle que rêvée par Solal et par bien des hommes ne peut à la fois avoir un *appétit* sexuel et avoir des qualités de cœur qui méritent qu'il s'engage envers elle. L'autre perd ainsi son attrait dès que la relation est « consommée » et que l'aspect pulsionnel et plus animal de chacun a été révélé. Solal est donc inévitablement déçu par les femmes qu'il croit pourtant aimer initialement. Il se bute à un désenchantement perpétuel et à des coups de foudre sans lendemain.

Parfois, le couple s'efforce de préserver le moment magique des débuts. L'amour d'Ariane et de Solal est une passion qui dure, mais qui est tout de même menacée par le temps. Chacun s'efforce ainsi de dissimuler ce qui pourrait diminuer leur charme aux yeux de l'autre. La femme de chambre à leur service témoigne, avec un gros bon sens, des stratagèmes qu'ils ont mis en place pour préserver cette illusion angélique et désincarnée à l'égard de l'hygiène personnelle :

> Les toilettes dans les deux chambres de bains c'est pour que chacun ne sache pas que l'autre est allé faire ses besoins, les grands et même les petits... eh bien moi je dis qu'y a pas de honte à faire ses besoins c'est le bon Dieu qui a voulu ça, que même le roi et sa reine ils font leurs besoins et moi aussi, mon mari il savait quand j'y allais et quand même on s'aimait je vous garantis... (p. 687)

...et de l'apparence :

> Une fois qu'elle avait à lui dire une chose pressée en particulier, que ça ne pouvait pas attendre mais que les deux étaient pas

encore assez jolis, vu que c'était de bonne heure le matin, alors vite elle a mis sa robe d'amour et elle est entrée chez lui à reculons pour lui parler en grand secret... en lui tournant le dos, comme ça vous comprenez elle le voyait pas étant laid et lui la voyait pas étant laide... ils aiment pas que l'autre sache que l'autre n'est pas implacable (impeccable) comme ils disent, c'est-à-dire tout parfait des pieds à la tête... (p. 690-691)

Ce jeu de mot de l'auteur (impeccable-implacable) suggère comment l'exigence de perfection se heurte à l'implacable quotidien. Cela joue contre le couple en minant inévitablement l'illusion de la période dorée des débuts qui ne laisse voir qu'une facette de l'autre. Solal et Ariane luttent comme des forcenés pour que ne s'effrite pas cette facette idéalisée de l'autre et pour que ses imperfections restent dans l'ombre. De la même façon, dans une relation qui débute et même pendant quelque temps, la recherche de soi-même dans l'autre fera en sorte que des conjoints nieront leurs différences et couvriront leurs désaccords pour le maintien d'une harmonie factice. Ils préservent ainsi la bonne opinion de l'autre et s'évitent les déceptions. Cependant, cette bonne entente est superficielle et ne se maintient qu'en éludant les frustrations et les insatisfactions.

Les conjoints se conforment à l'idéal de l'autre et renoncent ainsi à être eux-mêmes. Ils n'osent pas risquer d'être aimés pour ce qu'ils sont, ou pour ce qu'ils ne sont pas. Comme les personnes qui habitent les rives maritimes, ils bâtissent estacades et structures pour empêcher la mer d'éroder le rivage. Mais le courant marin, inlassable comme le temps, a tôt ou tard raison de ces digues qui finissent par céder, un jour ou l'autre. La nature triomphe, le naturel de chacun insiste. Comment alors lui faire une place dans le couple ? Comment composer avec ces aspects plus ombrageux de soi et de l'autre dans le couple autrement qu'en les niant ou en érigeant un mur voué à se rompre un jour ou l'autre ? Apprendre à vivre avec le « naturel », lui faire une place et exorciser ensemble les peurs qu'il éveille est le défi de tous les couples.

- Qu'est-ce qui peut rebuter l'autre chez moi ? Qu'est-ce qui séduit et plaît à l'autre chez moi ?
- Qu'est-ce que l'autre peut craindre de me révéler de lui-même, d'elle-même ?
- Après avoir répondu à ces questions pour soi-même, prendre un temps pour partager avec l'autre ses propres réflexions. Y apprenez-vous des choses, ou non ?

Être deviné et accepté par l'autre

« Être deviné par l'autre » est le souhait qui fait le plus de tort aux couples. Ce souhait est une relique d'un âge révolu mais auquel il est difficile de renoncer. Ce moment de la vie où le bébé est deviné, décodé par la mère dotée d'une sensibilité toute particulière. Le moindre cri ou pleur du nourrisson est entendu, même à travers une porte fermée, et est interprété selon le besoin ressenti par l'enfant, ce qui est tout à fait incompréhensible pour une autre personne. Une telle sensibilité s'évapore graduellement à l'égard du jeune enfant tandis que celui-ci acquiert le langage pour s'exprimer. Cette acquisition ne se passe pas toujours dans la quiétude. Des parents doivent parfois insister pour que l'enfant de trois ans s'exprime avec des mots plutôt que des pleurs. C'est ainsi qu'ils aident l'enfant à renoncer à ce moment magique où il pouvait être compris sans déployer d'autres efforts que des pleurs et des cris. D'autres parents ayant peut-être plus de difficultés à renoncer pour eux-mêmes à une relation à la mère idéale pourront tenter de prolonger ce moment pour épargner à l'enfant — et à eux-mêmes — la douleur de cette perte.

Ce qui me fâche, c'est que ç'aurait dû être évident pour elle !

Je n'aurais pas dû avoir à le lui demander. Il aurait dû y penser.

Ce désir d'être deviné comme nous l'avons été par notre mère perdure jusque dans le couple. Vouloir que l'autre nous prenne dans ses bras, nous caresse et nous fasse l'amour, nous donne un présent ou une attention particulière sont des souhaits qui demeurent souvent non exprimés avec l'espoir qu'ils soient devinés. Mais c'est alors que surviennent souvent frustrations et incompréhensions dans le couple. L'enfant en nous persiste à réclamer d'être compris sans paroles, comme par magie. Nous faisons alors face à un mur de déceptions, car l'autre n'a pas cette sensibilité maternelle à notre égard. Même s'il peut être empathique devant ce que nous vivons, il s'agit d'un autre type de sensibilité qui a besoin d'être sollicitée par des mots, des demandes de notre part. Mais combien s'obstinent tout de même à espérer être devinés sans nulle expression verbale, car alors la réponse de l'autre perdrait à leurs yeux en valeur

- Identifiez un conflit conjugal né de votre désir d'être deviné par l'autre.
- Qu'est-ce qui vous a retenu de dire votre souhait à l'autre ?

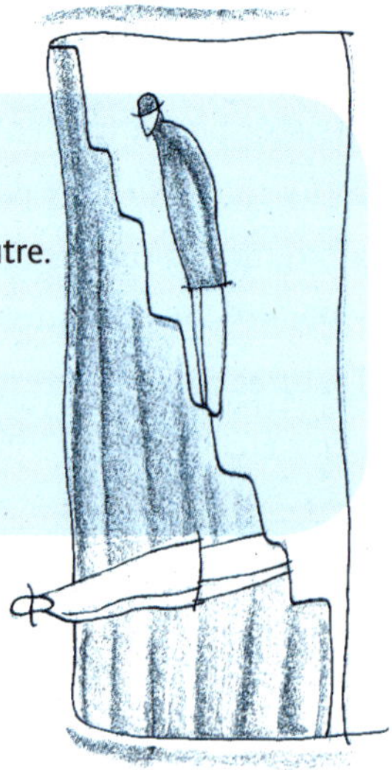

et en sincérité. On l'a vu, cette attente est inévitablement déçue et laisse seul et privé de soutien celui qui s'y accroche. Quant à l'autre, il est souvent rebuté et blessé quand il essuie les reproches d'être insensible et indisponible. Se sentant incompétent à répondre aux besoins de l'autre, il pourra prendre une distance protectrice qui ne fera qu'exacerber le conflit.

L'enfant de bohème ou l'amour évanescent

Ce mythe réduit les partenaires à l'impuissance devant l'avenir du sentiment amoureux de chacun. L'amour devient un enfant de bohème avec une vie autonome, soumettant le couple à ses caprices. Un jour, il est là, le lendemain, il a disparu. Et personne n'y peut rien: «Je ne t'aime plus, j'aime une autre personne.» Cette fatalité d'un amour évanescent soumettrait le couple à un mouvement extérieur à lui et sur lequel il n'aurait aucune prise.

L'amour est un oiseau rebelle que nul ne peut apprivoiser.

L'amour est enfant de Bohème, il n'a jamais, jamais connu de loi... Opéra Carmen

En plus de n'avoir aucune prise sur le devenir de la relation, il peut y avoir surestimation de la solidité du lien et sous-estimation de l'impact d'actes ou de paroles destructeurs sur la relation amoureuse. Selon ce mythe, le lien serait indestructible et jamais grugé par les actes et paroles de l'un ou de l'autre. Nous pourrions même exiger de l'autre qu'il nous accepte tel que nous sommes, sans conditions, comme preuve d'un amour véritable. Toutefois, ce serait une façon de le museler, de l'empêcher d'exprimer ce qu'il n'accepte pas de nous et qu'il nous demande de modifier. Ce serait un refus d'opérer quelque changement que ce soit en nous.

Ce qui peut sembler être une affirmation de soi devient alors un bâillonnement de l'autre, un refus de tout dialogue et d'évolution personnelle. Pourtant, l'amour ne contraint personne à tout accepter de l'autre au point de devoir compromettre sa propre intégrité, sa liberté ou son estime personnelle. La relation amoureuse n'implique pas l'acceptation inconditionnelle de l'autre, mais une acceptation qui se fait dans le dialogue, la réciprocité et, nécessairement, des compromis de part et d'autre.

Dans tous ces cas, s'ensuit une déresponsabilisation des conjoints face à l'avenir du lien amoureux en même temps qu'une exigence démesurée face à l'autre et à la relation. On s'éloigne alors de l'amour qui, tel un jardin, doit être travaillé chaque jour sous l'impulsion d'une décision sans cesse renouvelée.

Intimité ou fusion ?

Un autre mythe autour de la relation amoureuse est qu'elle doit nécessairement impliquer une harmonie et une complicité presque sans faille où différences et divergences n'ont pas leur place. Cette méprise entre INTIMITÉ et

FUSION occulte le besoin qu'a chaque personne de rester elle-même avec son individualité. L'intimité respecte l'individualité, mais la fusion, non. L'intimité est cette zone commune dans le couple où peuvent être vécus une certaine vulnérabilité, un partage et une ouverture au plan sexuel comme au plan des sentiments et des idées. L'intimité peut abolir les frontières interpersonnelles, mais ce n'est que temporaire. Quant à la fusion, elle entraîne l'abolition permanente des frontières interpersonnelles et elle vise l'indifférenciation où chacun utilise et est utilisé par l'autre sans avoir d'espace pour être soi-même.

Les partenaires sont constamment tiraillés entre le désir de se fondre l'un dans l'autre comme dans la relation sexuelle et celui de rester eux-mêmes avec leur individualité propre. Chacun de ces désirs suscite des peurs : celle de se perdre en l'autre dans l'intimité et celle de perdre l'autre par une trop grande affirmation de soi. Tous les couples ont la tâche de résoudre ce dilemme et de trouver une zone de compromis qui leur convienne. Certains feront une part plus grande à ce qui les réunit alors que d'autres feront davantage d'espace pour les besoins individuels de chacun. À l'extrême, il y aura ces couples qui font tout ensemble et ceux qui ont des vies parallèles.

Les partenaires qui conçoivent le couple comme une union totale et exclusive toléreront difficilement que l'un ou l'autre s'investisse dans d'autres lieux qui n'auraient pas de lien avec la relation conjugale. Inversement, les personnes désirant préserver à tout prix leur individualité hésiteront à sacrifier un tant soit peu de leur liberté de choix et d'action pour le lien amoureux. Ici, la solution est à trouver dans le dialogue de façon que chaque membre du couple se sente respecté.

- Comment caractérisez-vous votre couple ?
- *Fusionnel*, faisant tout ensemble.
- *Individualiste*, plus axé sur le respect de l'espace et des besoins de chacun.
- *Assymétrique*, où l'un des conjoints reproche à l'autre son désintérêt par rapport au couple et son investissement trop grand dans des personnes et des activités extérieures au couple.
- Quels changements voudriez-vous que votre conjoint fasse pour atteindre un équilibre plus satisfaisant pour les deux ?

Communiquez et vous serez sauvés

S'il y a un mythe véhiculé de façon générale, c'est bien celui de la communication comme planche de salut pour le couple. Lors d'un séminaire auquel assistaient de futurs thérapeutes, je disais qu'un des objectifs de la thérapie de couple pouvait être de « rétablir les non-dits[2] ». Ils étaient tous sidérés, car il est plus habituel de jauger la santé du couple par son habileté à communiquer que par sa capacité à ne pas dire certaines choses. Mais il arrive en effet qu'une thérapie de couple fasse ressortir les aspects positifs et protecteurs de la limite de la communication.

Nous avons un problème de communication.

Cette stratégie peut s'avérer nécessaire lorsque le couple tend vers la fusion et que les frontières individuelles ne sont pas bien établies. Il est donc essentiel, bien avant de communiquer, de se protéger d'une trop grande intrusion du partenaire, et ce, en limitant la communication. Il ne s'agit pas ici de s'ériger contre la communication dans le couple, mais contre l'obligation de communication à tout prix pour tous les couples. Combien d'échanges interminables et stériles gagneraient à être interrompus pour laisser place au silence, à la réflexion de part et d'autre ! Combien de confidences pourraient être retenues, dites à un autre moment ou à une autre personne !

---

2. J.-G. Lemaire, *Les mots du couple*, Paris, Payot, 1998, p. 168.

Il est bon que tout ne soit pas dit, dans un couple. Même qu'il est préférable que certaines choses ne soient pas dites. Par exemple, tous les fantasmes sexuels n'ont pas à être partagés dans un couple. Les opinions de l'un sur la famille de l'autre n'ont pas non plus à être toujours partagées. Toutefois, il ne faut pas confondre la limitation protectrice de la communication et ce que René Kaës a appelé le « pacte dénégatif» d'un couple. Par ce pacte, des choses sont gardées sous scellés, tenues loin de la conscience et des échanges du couple. Il ne s'agit pas d'une décision consciente mais d'une mise à l'écart plus ou moins consciente, un silence entourant un sujet qui pourrait menacer le lien. Et ce silence a un prix, il crée une distance entre les conjoints et rend la poursuite de leur relation conditionnelle à celle de ce type d'aliénation.

Je ferai intervenir ici le couple de *Scènes de la vie conjugale*, d'Ingmar Bergman[3]. Au début de l'histoire, nous découvrons le couple modèle que semblent former Johan et Marian, jusqu'à ce que des fissures apparaissent et que Johan laisse Marian pour une autre femme. Le Johan froid et décidé qui abandonne une Marian en désarroi fait place peu à peu à un homme fragile et déchiré qu'est Johan devant une Marian lucide par rapport au déni qui s'est insinué dans leur couple à leur insu :

---

3. I. Bergman, *Scènes de vie conjugale*, Paris, Gallimard, 1975.

Tu te souviens, après la naissance de Karin ? Quand tout à coup, on n'a plus pu faire l'amour. Eh bien, on s'est gentiment assis et on s'est réciproquement démontré qu'il n'y avait rien de plus naturel que ça. Que c'était évident, après ces deux grossesses coup sur coup. Et ensuite, tous nos raisonnements pour trouver une explication au fait qu'on n'avait plus aucun plaisir à faire l'amour ensemble. Ni toi ni moi n'avons compris que c'étaient là des avertissements. Autour de nous, ça grouillait de feux rouges et de stops ! Mais nous, on trouvait que c'était dans l'ordre des choses. On se déclarait satisfaits. (p. 152)

Il n'est pas facile, dans un couple, de discerner ce qui doit être dit de ce qui ne le doit pas. Il est des sujets qui suscitent un inconfort lié au dommage et aux blessures que l'on appréhende faire à l'autre et à la relation. Toutefois, il est parfois possible que le fait de ne pas parler ait de plus graves répercussions que celui d'ouvrir le sujet. Discerner les craintes qui doivent être respectées et celles qui doivent être confrontées, les zones personnelles qui doivent être préservées et celles qu'on doit ouvrir à l'autre sont autant de questions difficiles qui se posent aux couples exposés aux mêmes dangers que Johan et Marian.

Exercice

- Qu'est-ce que je ne dis pas à l'autre ?
  Quels sont les sentiments, quelles sont les pensées
  que je ne dois pas partager ?
- Est-ce pour préserver mon espace personnel
  et éviter de blesser l'autre inutilement ?
- Est-ce pour préserver l'autre ? m'épargner sa colère ?
  m'éviter un dévoilement et même une certaine honte ?
- Est-ce pour préserver le couple
  qui serait ainsi en péril ?

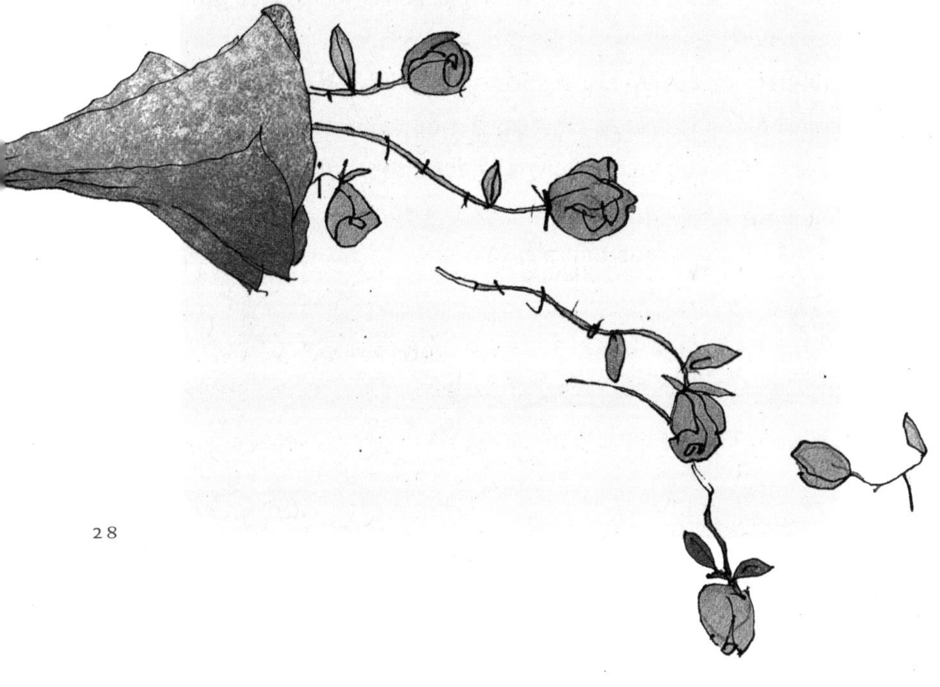

Vive l'autonomie !

Notre époque est celle de l'individu et de l'accomplissement de soi. Le compte de banque qui passe de « personnel » à « conjoint » est l'exemple d'une étape bien difficile à traverser pour des partenaires qui tiennent beaucoup à leur autonomie personnelle. De même, on observe souvent que l'indépendance est un critère important du choix d'un conjoint : « Cherche homme, femme indépendant(e), autonome » ! Inversement, des personnes se dépeignent ou qualifient l'autre de façon péjorative : « co-dépendant » ou « dépendant affectif ». La thérapie visera souvent à enlever à la dépendance sa connotation négative qui lui est accolée par notre époque individualiste. Encore une fois, le travail en couple présentera la dépendance comme une capacité à dire ses besoins et certains états d'âme, et à accepter d'être vulnérable et en besoin de l'autre.

HOMME cherche FEMME débrouillarde, indépendante, autonome, ayant permis de conduire et libre de son passé.

De récentes études témoignent de l'urgence de ce travail chez les couples, car le désengagement émotionnel est un meilleur indicateur d'un divorce possible que le nombre et l'issue des conflits[4]. La capacité à être proche de l'autre, à montrer sa vulnérabilité et à s'engager sur le plan des émotions est aussi cruciale que la communication et la résolution des conflits.

4. J. Gottman, « Predicting marital happiness and stability from newlywed interactions », *Journal of Marriage and the Family* 60 (1998), p. 5-22.

Il faudra en arriver à voir la dépendance comme une capacité individuelle à développer dans la vie de couple au lieu d'un écueil à éviter, et la sortir du rang des pathologies. Pouvoir faire preuve d'une certaine dépendance, pourrait-on dire, serait la condition pour vivre une véritable autonomie. La totale indépendance et la coupure avec l'autre seraient même davantage une peur de la dépendance qu'une preuve d'autonomie. Solal, dans *Belle du Seigneur*, révèle son désir secret de dépendance, un rêve trop périlleux à réaliser:

> Toutes ces gorilleries alors que j'aurais tant aimé qu'elle vienne s'asseoir auprès de mon lit, elle dans un fauteuil, moi couché et lui tenant la main ou le bas de la jupe, et elle me chantant une berceuse. Mais non, il fallait vivre le volontaire et le dangereux, et tout le temps avoir du caractère, et tout le temps virevolter, et me sentir ridicule, ridiculisé par leur admiration. (p. 316)

Il faut dire aussi qu'éviter de se présenter comme faible et vulnérable devant l'autre va souvent de pair avec une intolérance à voir l'autre faible et dépendant.

- M'arrive-t-il de partager mes sentiments avec l'autre, de me sentir faible et pas en contrôle devant lui ou elle ?
- Comment est-ce que je réagis quand l'autre devient faible, en besoin et me sollicite affectivement ?

Des idéaux qui structurent et aident à vivre

Il y a des mythes qui déçoivent : celui de l'âme sœur, complice unique sans qui le bonheur est impossible, celui de la passion qu'on souhaite éternelle, ou le désir d'une communion muette avec l'autre. Il y a des mythes qui trompent : celui qui veut que l'amour ait une vie en soi auquel le destin du couple est accroché, celui du bonheur qui n'aurait sa place que dans l'autonomie de chacun des partenaires ou, à l'inverse, dans le magma indifférencié de la fusion amoureuse. Il y a enfin ce mythe contemporain qui ne désigne pas autrement que par « problème de communication » la source des difficultés d'un couple et la planche de son salut. Ce mythe occulte tout le nécessaire discernement autour de ce qu'on doit garder pour soi ou dévoiler à l'autre.

Ces mythes déçoivent, trompent ou proposent des recettes ne tenant pas compte des différences. Il existe cependant des idéaux qui aident le couple à vivre mais qu'on laisse de côté : la durée et l'exclusivité. Il est vrai que la survie des couples est plutôt malmenée. La longévité accrue, l'émancipation de la femme, la multiplication des interactions homme-femme, la libération des mœurs ainsi que la perte d'institutions porteuses de sens y contribuent. Le mariage est la seule relation familiale dans laquelle on s'engage pour la vie tout en jurant de son exclusivité. C'est pourtant la relation qui présente le plus de risques d'être ni exclusive ni durable. Le cynique ne manque donc pas de motifs pour railler ces idéaux de durée et d'exclusivité de la relation amoureuse.

Mais doit-on renoncer à un idéal sous prétexte qu'il est de moins en moins atteint et atteignable ? Dans ce cas, les mythes évoqués précédemment devraient y passer bien avant ! On peut se demander ce qu'il en est de l'impact d'un tel cynisme sur les rêves et espoirs dont un jeune adulte peut avoir besoin pour s'engager pleinement et résolument au plan amoureux.

Un amour qui dure et qui résiste aux épreuves et au temps ainsi que les promesses de fidélité que l'on se fait ne pourraient-ils pas être un idéal qui aide à vivre, à s'engager dans une vie conjugale, même s'il est possible que les écueils en viennent à bout ? Peut-être nous sommes-nous

libérés du fardeau que représente l'idéal d'une relation exclusive pour la vie, mais nous avons vu plus haut que d'autres idéaux, plus pernicieux, irréalistes et sans valeur structurante l'ont remplacé avec leur lot de contraintes et d'impasses.

Ces mythes irréalistes expriment l'idéal de l'amour romantique. Par la magie d'une complicité quasi surnaturelle, cet amour romantique serait à l'abri de l'usure, du manque ou de la désillusion. Des thérapeutes de tout acabit, les nouveaux prêtres modernes, l'ont élevé au rang d'une certaine normalité. « Ensemble pour le meilleur et pour le pire » a graduellement laissé tomber « le pire » pour devenir « Ensemble pour le meilleur ». Ces mythes prônent l'exigence de perpétuer l'amour romantique qui, par nature, est éphémère. Faut-il s'étonner que tant de couples baissent les bras et que tant de personnes craignent de s'engager devant ce qui leur semble une mission impossible ?

La relation conjugale était autrefois portée par des communautés de sens (l'Église, au Québec) qui dictaient au couple sa finalité (procréation, fidélité, soutien mutuel). Aujourd'hui, cette relation n'a souvent que le bonheur et l'épanouissement de chacun comme finalité. Et cela pèse lourd sur la relation conjugale, à laquelle chacun en demande beaucoup. Nous verrons comment le couple est sous haute tension quand un conjoint demande à l'autre de le rassurer constamment sur sa propre valeur, d'être auprès de lui ou elle ce que la mère ou le père n'a pas été, d'être un partenaire sexuel toujours excitant et performant en même temps qu'un confident compréhensif... OUF ! ça en fait beaucoup !

Face aux attentes et diktats sociaux qui prétendent connaître la voie à suivre, la seule et unique voie sur laquelle nous invitons les personnes engagées dans une relation amoureuse est celle-ci : « Connais-toi toi-même. » L'aventure conjugale et ses difficultés sont alors replacées dans la réalité, celle de deux personnes différentes sur le plan de leurs histoires, de leurs personnalités et de leurs désirs, mais souhaitant s'engager dans un projet commun.

La piste que nous proposons n'est pas nouvelle. Si la vie de couple n'est pas une quête du saint Graal vouée nécessairement à l'échec, elle est néanmoins une école de vie et même une psychothérapie où chacun doit se questionner sur lui-même bien avant de remettre l'autre en question. La persistance de mythes décevants et trompeurs appelle obligatoirement des deuils et des compromis. Par-delà ces aspects difficiles et parfois souffrants, il y a une possible découverte de l'autre avec ses différences, ses richesses et ce qu'il ou elle peut nous apporter d'insoupçonné et même d'inespéré. Cet insoupçonné et cet inespéré ne peuvent exister que si la relation est dégagée d'attentes impossibles et de projections qui dénaturent notre perception de l'autre.

Nous verrons que le choix d'un conjoint a un impact capital sur la relation. Il nous confronte tôt ou tard à des aspects de nous-mêmes qui exigent de notre part un travail, un changement, une acceptation.

PARTIE 2

La vie de couple comme psychothérapie

Introduction

SI LA VIE DE COUPLE est une psychothérapie ou même une école de vie, c'est d'abord que la vie à deux nous révèle et nous confronte à nous-mêmes de diverses façons. Nous verrons comment une délégation d'émotions négatives et de conflits intérieurs se fait souvent d'un partenaire à l'autre. Ce faisant, un certain équilibre se crée dans le couple alors que l'un ressort chargé de ce dont l'autre s'est allégé. Mais nous verrons d'abord comment les personnes engagées dans une relation amoureuse doivent traverser de multiples phases de la vie qui comportent toutes des défis différents. Le maintien ainsi que la qualité et la vitalité de la relation dépendent de la capacité des conjoints à effectuer ces passages.

La vie de couple : un parcours

Le premier de ces passages est sans nul doute celui où le jeune adulte choisit une personne avec qui partager sa vie.

Ce faisant, il se compromet et prend le risque que cette personne soit peut-être plus ou moins acceptée de sa propre famille et de ses amis. Par ce seul choix amoureux, il fait un pas dans le processus de différenciation et de séparation par rapport à sa famille d'origine. Par après, il quittera la maison familiale, vivra par lui-même, acquerra une autonomie financière, etc.

Les jeunes couples nouvellement formés ou vieux de quelques années font parfois face à des difficultés à renégocier les termes de leur nouvelle forme de vie. McGoldrick[5] observe que si le mariage peut être la fin du processus de recherche du partenaire et de préparation à l'engagement avec l'autre, il est surtout le début d'une renégociation d'enjeux autrefois définis sur une base individuelle ou avec la famille d'origine : quand et comment manger, dormir, parler, faire l'amour, se chicaner, travailler, relaxer. Le couple doit décider conjointement des vacances, puis de la façon d'utiliser l'argent et de disposer du temps. Il doit également négocier la participation aux rituels familiaux, la poursuite des relations avec les amis et collègues de chacun. De plus, comme l'engagement en couple se fait tardivement par rapport à autrefois, chacun a eu l'occasion de définir davantage son identité sur les plans personnel et professionnel, ce qui peut rendre cette étape de négociation plus délicate et exigeante.

---

5. B. Carter et M. McGoldrick (dir.), *The Expanded Family Life Cycle. Individual, Family, and Social Perspectives*, 3e éd., Boston, Allyn & Bacon, 2005, p. 2.

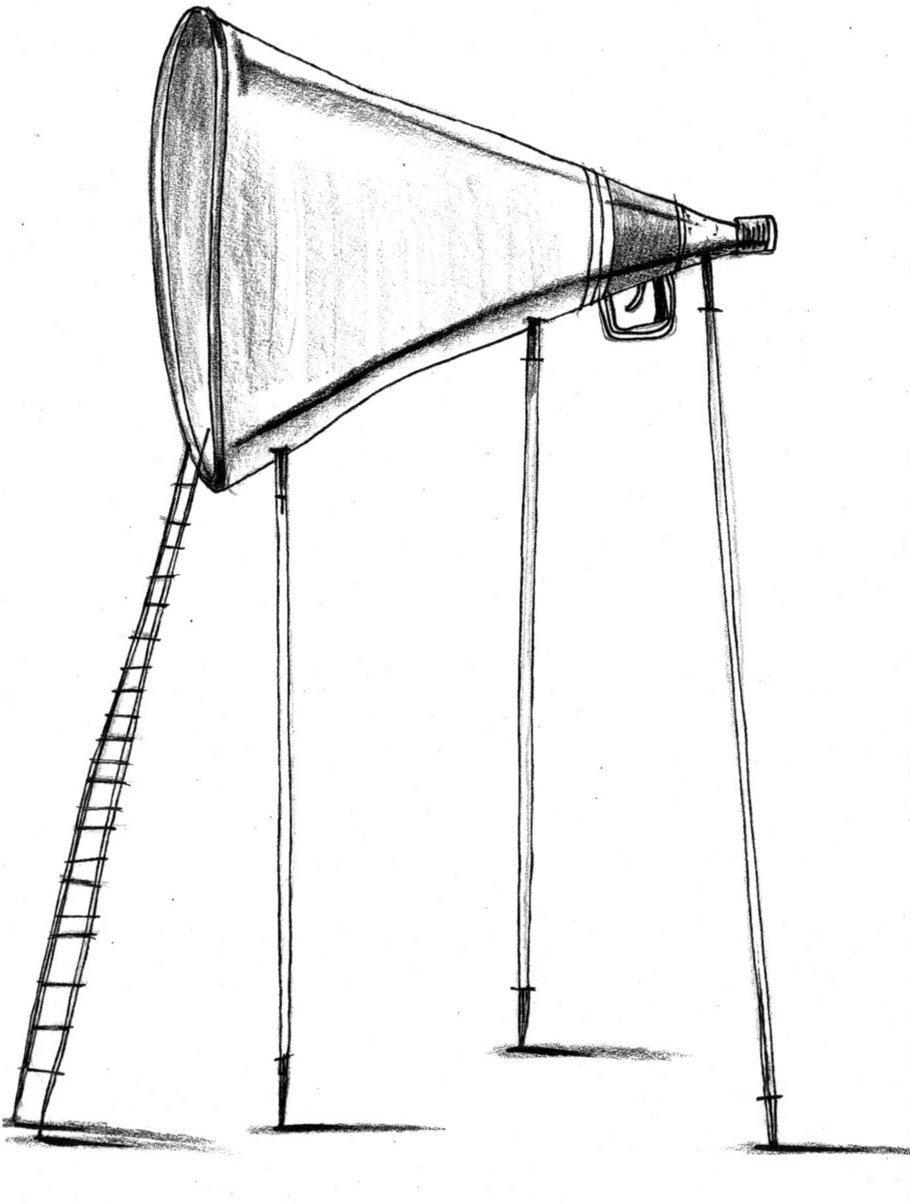

De plus en plus de personnes se retrouvent vers 40, 50 et même 60 ans, après une union qui a souvent duré plusieurs années, à la recherche d'un compagnon ou d'une compagne de vie. Elles ne veulent pas nécessairement s'engager comme elles l'ont fait dans le passé, mais elles veulent tout de même avoir une personne dans leur vie avec qui partager de bons moments et, qui sait, leurs vieux jours. Cette rencontre tardive ne se fait pas sans heurts ni compromis. De même, selon l'âge et l'histoire de chacun, le vivre ensemble devra souvent être forgé avec beaucoup d'imagination et dans le respect du contexte et de l'histoire de chacun. Les deux doivent trouver un terrain d'entente qui soit satisfaisant pour les deux. Des questions telles que la cohabitation, la fréquence des contacts, la présentation aux familles et aux amis de chacun, le partage des dépenses et la nature des loisirs sont autant de sujets à discuter et à négocier. La relation pourra vite se buter à des résistances de part et d'autre, ces personnes ayant eu l'occasion de se définir davantage au détriment d'une certaine souplesse. Il arrive souvent aussi que ces personnes soient jalouses d'une autonomie parfois chèrement acquise.

McGoldrick réfère également à l'ajustement nécessaire aux familles respectives de chacun : gendre, bru, beau-frère, belle-sœur, beaux-parents. Nous verrons même que nous transportons ces personnes importantes de notre famille jusque dans l'intimité de notre couple. Leurs valeurs, leurs attitudes, leurs croyances viennent teinter notre façon d'être avec l'autre. Ce qui fait qu'il y a souvent bien plus que deux amoureux dans une chambre à coucher, mais la façon de voir du père de l'un, de la mère de l'autre, etc. Cela montre bien la complexité émotive de l'engagement amoureux qui relève de la réunion de deux histoires, de deux mentalités, de deux traditions. Ainsi, rencontrer et s'intégrer à la nouvelle belle-famille, c'est comme explorer un territoire étranger dont on doit apprendre les coutumes. De la même façon, l'accueil d'un nouveau membre dans la famille, gendre ou bru, est un des plus grands stress auxquels est confronté le système familial. Celui-ci doit alors faire preuve d'ouverture face à ce nouvel individu qui entre dans le giron familial sans avoir été choisi par l'ensemble mais par un seul membre de la famille. Cette rencontre du nouveau partenaire et de la belle-famille comporte donc de grandes exigences émotives de part et d'autre.

L'arrivée des enfants — quand il y en a — vient aussi bousculer le système conjugal ainsi que les deux belles-familles. Que ce soient les enfants du couple ou ceux d'unions précédentes d'un ou des deux conjoints, ils sollicitent les partenaires et leur capacité d'adaptation d'une façon toute particulière. Tous deux doivent composer avec leurs attentes parfois démesurées face à la parentalité, absorber l'impact des nouveaux venus sur l'organisation de vie qu'ils s'étaient donnée, aménager un nouveau partage des responsabilités quant au soin des enfants. Ils doivent s'allier pour l'éducation et la discipline, et concilier la famille et le travail pour qu'aucun ne se sente lésé. Ils ont aussi à inclure les grands-parents dans leur vie familiale d'une façon qui convienne aux deux et qui ne les empêche pas de forger leur famille à eux. Quand arrive l'adolescence, le couple doit accepter que la relation avec leurs enfants se transforme et que les frontières familiales deviennent plus poreuses et souples pour permettre les allées et venues des adolescents. En d'autres mots, la « corde » doit devenir un « élastique ». Les conjoints ont alors plus de temps pour eux et vont éventuellement se retrouver face à face à l'étape que l'on appelle celle du *nid vide,* alors que leurs enfants essaient de s'émanciper et de construire leur vie à eux.

Les couples sans enfants doivent par avance relever le défi qui se pose pour ceux qui en sont à l'étape du « nid vide ». Toutefois, les couples dont les enfants quittent le foyer ont développé une dynamique conjugale autour de la présence des enfants et de leurs sollicitations. C'est un choc parfois difficile à surmonter que de s'adapter à cette nouvelle vie à deux, mais à deux seulement.

Le couple qui ne peut pas avoir d'enfant ou qui n'en a pas voulu doit dès le départ s'ajuster à cela. Pour ces partenaires se pose dès le début la question d'un projet commun qui pourra rallier les deux dans une même direction et qui a un sens pour les deux. Pour reprendre l'image précédente, ils doivent se demander de quoi sera fait le nid dans lequel ils bâtiront leur vie à deux, quel sera ce projet qui les ralliera ? Encore là, toute une négociation prendra place quant à la nature de ce projet, de cette visée.

Toutes ces transitions qui confrontent le couple peuvent être autant des occasions de croissance que des écueils. C'est la capacité d'adaptation et la résilience des individus et des couples qu'ils forment qui décidera de l'issue. Mais peu importe la capacité qu'a chacun de faire face au changement, une issue est toujours là, disponible, bien que très ardue : celle de la connaissance de soi. C'est sur cette voie que nous tenterons maintenant de faire quelques pas.

« Connais-toi toi-même »

« Comment pourra-t-on jamais comprendre quelque chose aux autres, si on ne sait rien sur soi ? » L'inquiétude de Johan, dans *Scènes de la vie conjugale*, est au cœur de la vie de couple. Il déplore cet analphabétisme de l'âme, autant le sien que celui de Marian et des autres :

> Je vais dire une banalité. Mais pour tout ce qui touche aux sentiments, nous sommes des analphabètes. Et c'est un fait regrettable qui n'est pas seulement valable pour toi et pour moi, mais pratiquement pour tous les hommes. Nous apprenons tout sur notre anatomie, tout sur l'agriculture en Nouvelle-Zélande, la racine carrée de pi, tout ce que tu voudras, mais sur notre âme, pas un mot. Nous sommes d'une ignorance stupéfiante tant en ce qui nous concerne qu'en ce qui concerne les autres. De nos jours, on dit un peu vaguement qu'il faut élever les enfants dans des idées d'humanité et de compréhension, des idées de coexistence, dans l'égalité, enfin tous les mots du vocabulaire à la mode. Mais personne ne s'est jamais dit qu'il fallait que nous apprenions d'abord quelque chose sur nous-mêmes et sur nos propres sentiments. Notre peur, notre solitude, notre colère. Sur ce chapitre nous sommes abandonnés, ignorants, remplis de mauvaise conscience et d'ambitions déçues. Il est presque inconvenant de donner conscience de son âme à un enfant. C'est tout juste si on ne nous regarde pas comme un vilain monsieur. Comment pourra-t-on jamais comprendre quelque chose aux autres, si on ne sait rien sur soi ? (p. 148).

On pourrait ajouter : « Comment pourra-t-on jamais comprendre quelque chose sur soi, si l'on reste seul, isolé, privé d'un vis-à-vis ? » Il semble que la connaissance de soi et celle de l'autre se conditionnent de façon mutuelle. Existe-t-il un autre lieu, dans la vie, offrant à une personne l'occasion d'affermir cette connaissance, cet apprivoisement ? Peut-on même comparer la vie de couple à une thérapie ? Nous croyons fermement que la vie amoureuse peut offrir à ceux qui s'y engagent une occasion exceptionnelle de rencontrer, à travers l'autre, des aspects de soi souvent inaccessibles autrement. Dans ce qui suit, nous verrons comment le choix du partenaire et la dynamique qui s'ensuit est l'occasion de déléguer ou d'éviter des parties de soi ou de son histoire. À moins de confronter cela courageusement avec une aide appropriée quand cela est nécessaire, bien des couples se butent à des difficultés qui semblent souvent insurmontables.

Le choix du conjoint

À notre époque, les couples se séparent à la moindre difficulté. Pourtant, les conjoints ont eu toute la liberté d'expérimenter l'amour et de se choisir en connaissance de cause. Contraints de se marier pour quitter la maison familiale, les couples d'avant les années 1950 et 1960 avaient de bonnes raisons de divorcer. Mais pas les couples d'aujourd'hui !

CE PRÉJUGÉ EST très dur pour les couples d'aujourd'hui. Il part de l'idée qu'on pourrait prévenir les ruptures par un choix réfléchi du partenaire et par une clarification de questions importantes pour la vie à deux. Autant de possibilités que n'avaient pas les couples d'antan, qui duraient pourtant. Il semble donc que ce qui fait durer les couples n'est pas là où on croit. Ni le choix judicieux du conjoint, ni l'échange autour de ce que chacun souhaite et désire pour l'avenir, ni même la connaissance de soi en solo ne réussissent à exorciser les démons qui brisent les unions. Après tout, les risques de rupture amoureuse augmentent avec le nombre d'unions précédentes, comme quoi des expériences antérieures ne donnent pas nécessairement une plus grande « compétence » dans le choix du conjoint et le vécu amoureux. C'est comme si, en matière de relations amoureuses, les « actions préventives » avaient beaucoup moins de portée que les « actions curatives ». Le travail qui porte est celui qui est fait dans la relation elle-même, de part et d'autre.

Qu'est-ce qui fait qu'un choix judicieux et réfléchi d'un partenaire n'élimine ni les difficultés ni les risques de rupture ? C'est que le choix amoureux se fait un peu comme le choix d'un vêtement. On choisit un vêtement dans un but précis, que ce soit pour son confort, son élégance, sa chaleur, son imperméabilité, pour cacher ses défauts physiques ou mettre en valeur ses attributs, etc. Ainsi, un vêtement chaud et confortable pour l'hiver deviendra étouffant en été. Un vêtement confortable pour la maison ne conviendra pas nécessairement pour aller au travail. De même, un conjoint choisi pour sa simplicité pourra éventuellement être ressenti par l'autre comme pas assez raffiné. Inversement, un partenaire choisi pour son ambition pourra devenir frustrant alors que l'autre le souhaiterait plus présent à la vie familiale. Non seulement la raison qui nous fait choisir une personne peut devenir caduque, mais elle est souvent au cœur de conflits dans le couple. Ce qui séduit initialement devient alors source de discorde.

Et à la différence du vêtement d'hiver qu'on troque pour quelque chose de plus léger l'été, on ne peut pas changer de conjoint temporairement pour ensuite le réintégrer dans sa vie. De plus, si on choisit un vêtement pour une raison claire, il n'en va pas de même pour le partenaire. Les motifs qui nous le font choisir nous échappent la plupart du temps et constituent les atomes crochus qui nous attirent l'un à l'autre. Ces points d'ancrage inconscients qui forment les couples font que, si le mythe de l'âme sœur est un leurre, cela ne veut pas dire que le choix du partenaire se fait au hasard. Il y aurait non pas UNE mais DES âmes sœurs, et elles seraient moins désignées par une sorte de prédestination mystique que par ces atomes crochus, ces points d'ancrage inconscients qui font qu'une personne nous attire et qu'une autre nous laisse indifférent ou nous rebute. Alors que le choix d'un partenaire pour une relation de courte durée est davantage centré sur la satisfaction pulsionnelle — telles ces rencontres dites d'un soir —, celui qui vise une relation à plus long terme doit répondre à des critères qui visent d'abord la sécurité et l'équilibre internes. La compagne ou le compagnon de vie recherché doit avoir des caractéristiques qui vont faire qu'on sera bien avec cette personne et avec soi-même. Ce bien-être, ce confort, passe autant par le

La découverte de l'être aimé est à vrai dire une redécouverte.

Freud, dans *Trois essais sur la théorie sexuelle*

sentiment d'être aimé et valable aux yeux de l'autre que par l'apaisement en soi de l'angoisse et de l'inquiétude au contact de l'autre.

Des conjoints qui réfléchissent aux motivations initiales de leur choix amoureux peuvent constater comment ce qui est critiqué chez l'autre est souvent ce qui a séduit, et même ce qui a permis à la vie à deux de durer jusqu'à ce jour. Les motivations du choix amoureux ne sont pas simples. Elles sont façonnées par nos premiers amours (nos parents), notre plus ou moins grande estime de nous-mêmes et notre confiance en nous, nos craintes, nos blessures, etc. Tout cela agit en nous à notre insu. C'est la vie à deux qui nous permettra souvent d'en prendre conscience et d'apprivoiser ces aspects occultés de nous.

Exercice

- Je songe aux hommes, aux femmes qui ont été dans ma vie, qui m'attirent. Quelles caractéristiques, qualités, défauts et attitudes ont-ils (elles) en commun ?
- Qu'est-ce qui m'a d'abord attiré, séduit chez l'autre ?
- Qu'est-ce qui aujourd'hui m'irrite le plus chez l'autre ? Que voudrais-je qu'il (elle) change ?
- De quel(s) aspect(s) de moi le motif initial du choix de l'autre me tient-il à distance ? Quelles difficultés pourrais-je éprouver si l'autre changeait tel que je le lui demande ?

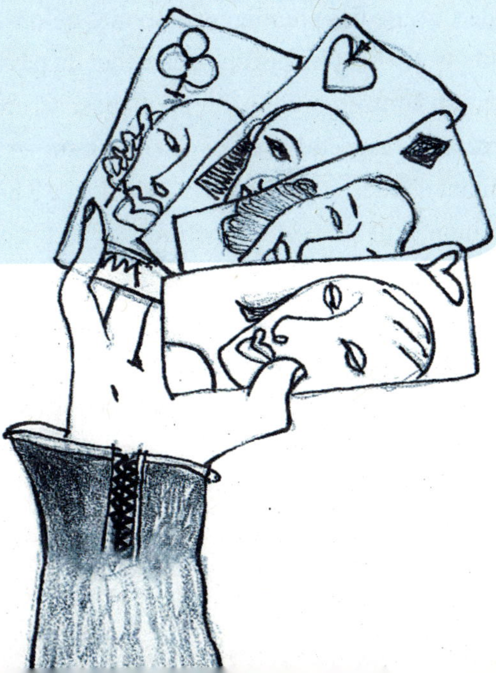

Choisir l'autre pour retrouver ses parents

Il arrive que des personnes déplorent avoir fait un choix amoureux qui serait le décalque de leur père, de leur mère, et qui les condamnerait à revivre des situations familiales douloureuses dont elles n'arrivent pas à s'émanciper. Le désir de recommencer à neuf dans leur couple en poussera plusieurs à rompre une relation amoureuse « contaminée » par leur propre histoire familiale pour repartir sur de nouvelles bases qui s'éloignent des figures parentales. L'expérience montre toutefois que les autres choix risquent fort d'être une reproduction ou une variation du premier et d'amorcer une série de choix dont il semble plutôt difficile de s'affranchir par la seule volonté. La phrase de Freud citée à la page précédente se vérifie, car la découverte de l'être aimé est à vrai dire une redécouverte des premières personnes qu'on a aimées, nos parents. On peut lutter contre ce retour du passé et tenter de nager à contre-courant; on peut aussi accepter de « faire avec », de respecter la force de ce courant en nous tout en tentant d'infléchir la trajectoire qu'il donne à notre vie.

Si on peut voir cette répétition ou cette contamination comme une fatalité, on peut aussi s'en servir comme d'une base sur laquelle construire sa relation de couple. Freud a d'ailleurs désigné le choix amoureux fondé sur la ressemblance avec les parents comme un choix par « étayage », mot qui signifie littéralement « prendre appui sur ». Et il est difficile de ne pas tenir compte de la fondation sur laquelle s'appuie le couple, car celle-ci est toujours présente. Que le conjoint ressemble aux parents ou qu'il en soit l'opposé, la référence à ceux-ci demeure. Comme nous l'écrivions précédemment, le couple est la réunion de deux familles avec leurs histoires, que chaque partenaire porte en lui ou en elle.

Il est fréquent de choisir une personne qui ressemble à l'un ou l'autre de ses parents, à un frère ou une sœur, ou à un mélange de tout cela. Ce choix peut confronter la personne aux aspects du couple qui rappellent ses parents et qu'elle peut avoir critiqués. Par exemple, le choix d'un conjoint autoritaire qui est à l'image du père peut placer la femme dans une position de soumission qui lui répugne, ayant vu sa mère dans une telle position d'impuissance. À l'inverse, le partenaire peut aussi être tout le contraire des parents. Il peut s'agir d'une tentative pour se distancier d'un parent dont on a de la difficulté à se séparer sur les plans psychique et émotif. Ainsi, le fils de parents intellectuels et attaché particulièrement à sa mère peut choisir une femme concrète et qui ne montre aucun intérêt pour la culture. Ces choix — à l'image ou à l'opposé des parents — peuvent être l'occasion de revisiter notre rapport au couple formé par nos parents tout en départageant le bon du mauvais. Nous pourrions même, éventuellement, accepter l'inévitable répétition d'un aspect indésirable qui fait partie de nous malgré nos efforts pour nous en dissocier. Ainsi, le choix d'un conjoint plus contrôlant et dominant peut confronter une personne avec des aspects passifs et soumis d'elle-même qu'elle accepte difficilement. À l'inverse, le choix d'un conjoint plutôt passif peut exposer une personne à être en contact avec une agressivité en elle qu'elle aurait tout fait pour occulter et faire disparaître.

Il arrive également que le choix du conjoint et la dynamique qui se met en place répètent une situation infantile douloureuse. Par exemple, une femme qui a souffert d'un manque d'écoute dans son enfance peut choisir un homme qui a beaucoup soutenu et écouté sa mère dépressive. Celui-ci peut en avoir gardé une grande crainte d'être sous l'emprise de la tristesse d'une femme et, en même temps, il a pu développer une disposition naturelle à écouter. Cette femme aura d'abord été séduite par son aisance à l'écouter, mais elle sera déroutée par son durcissement lorsqu'elle se sentira triste et cherchera à se confier à lui. Une vieille peur surgira chez son conjoint, soit celle d'être avalé par la tristesse d'une femme. Sa seule issue sera un recul et une défense en se montrant insensible en apparence ou par une colère qui, en fait, cache sa peur. La femme revivra elle aussi des moments difficiles de son enfance, tandis que l'homme se verra encore une fois attribuer le rôle d'aidant qu'il avait auprès de sa mère dépressive.

Ce couple sera confronté à un double défi : pour l'homme, ce sera d'apprendre à établir des limites face aux demandes de sa femme, mais sans élever de mur entre eux ; la femme

devra quant à elle faire le deuil d'une écoute qu'elle n'a pas eue et n'aura jamais selon ses désirs. Elle devra exprimer ce besoin de façon que son partenaire ait la possibilité d'y répondre. Par exemple, en n'exigeant pas de lui une disponibilité d'écoute qui va au-delà de ses capacités et en le sollicitant à un moment où il est bien disposé. Afin que le couple demeure un lieu de croissance, il importe que les partenaires renoncent en partie à ce qu'ils n'ont pas eu en étant enfants. Sinon, la femme maintiendra des demandes démesurées à l'égard du conjoint qui tentera tout de même d'y répondre sans réserve. Devant ses propres insuccès à contenter sa conjointe, l'homme lui en voudra pour ses demandes incessantes et son insatisfaction chronique, tandis qu'elle lui reprochera son insensibilité et son manque d'écoute. Une telle valse corrosive ne prend fin que si les blâmes et reproches font place à une responsabilisation de chacun face au conflit. Cela est au cœur du travail que chacun doit accomplir.

Choisir l'autre pour se retrouver soi-même

Selon Freud, nous aimons dans l'autre ce que nous sommes nous-mêmes, ce que nous avons été et ce que nous voudrions être (*Pour introduire le narcissisme*). Le partenaire est donc choisi en raison de ses ressemblances avec nous, tel que nous croyons être et tel que nous rêvons de devenir. Ainsi, nous ne choisissons pas notre conjoint au hasard, mais pour qu'il nous fasse sentir acceptable et aimable. Vouloir nous rassurer face à notre propre valeur est donc le premier critère du choix d'un partenaire.

Dans *Scènes de la vie conjugale*, Marian, au début, se définit en fonction de Johan et de son rôle de mère, comme si elle n'avait pas de valeur propre : « Je suis mariée avec Johann et j'ai deux filles. » Johan se définit par rapport à l'effet qu'il produit sur Marian : « Je suis un amant incomparable, n'est-ce pas Marian ? » Il obtient du regard admirateur de Marian ce qui manque à son estime personnelle, tandis que celle-ci se valorise de ce qui rejaillit de Johan sur elle. Autant Marian que Johan se retrouvent dans une situation difficile. Marian reste dans l'ombre et laisse Johan faire ce qu'elle n'ose pas faire elle-même, s'accomplir et réussir. Elle est fière d'être l'épouse de Johan et non fière d'elle-même. Mais cette délégation à Johan comporte aussi des contraintes pour ce dernier : il doit briller, réussir et être sans faille, autrement, c'est le mépris qui l'attend.

Tel est le sort réservé à Solal par sa première femme quand il a cessé de faire « le seigneur ». Il n'avait alors plus l'éclat dont sa femme avait besoin pour arriver à s'aimer elle-même :

> Aude qui fut ma femme. Durant les derniers temps de notre mariage, parce que je m'étais mis hors du social, parce que j'avais ôté le masque du *réussisseur*, parce que je n'étais plus un misérable ministre, parce que, pauvre et absurdement barbu et

> saint, je ne jouais plus la farce de l'homme fort, lorsque je lui disais mon épouvante de voir se flétrir son amour, mon tourment de me voir traité comme rien, moi, l'ancien seigneur de toute l'âme, ô ses silences et son visage imperméable, visage de pierre, ô ce jour où dans notre chambre de misère, j'avais voulu trouver grâce en faisant moi-même la vaisselle et que j'avais fait tomber une assiette et que je m'étais excusé, pauvre idiot, ô son horrible petit mépris excédé, mépris de femelle. J'étais pauvre, donc faible, je n'étais plus un important, je n'étais plus un sale victorieux. (p. 321)

Ce rejet radical de l'autre devenu faible et sans gloire vise à occulter en soi une telle précarité, un tel dénuement. Si l'autre chute dans la banalité et l'ordinaire, il risque de m'y entraîner en cessant de me faire briller. Solal dira comment la femme tient rigueur à l'homme de ne pas être toujours belle et poétique, tandis que le quotidien la dépouille de sa «couronne»:

> Le plus comique, c'est qu'elle en veut à son mari non seulement de ce qu'il n'est pas poétique mais encore et surtout de ce qu'elle ne peut pas faire la poétique devant lui. Sans qu'elle s'en doute, elle lui en veut d'être le témoin de ses misères quotidiennes. Au réveil, la mauvaise haleine, la tignasse de clownesse ébouriffée et clocharde abrutie, et tout le reste, y compris peut-être l'huile de paraffine du soir ou les pruneaux. Dans le compagnonnage de la brosse à dents et des pantoufles, elle se sent découronnée et elle en tient responsable le malheureux... (p. 312)

Plus les conjoints ressentent le besoin d'être rassurés par l'autre, plus le couple sera fragile, car plus grande sera la pression sur chacun. Des partenaires qui ne comptent que sur l'autre pour être confirmés dans leur valeur sont en mauvaise posture quand survient un conflit, un désaccord ou que l'autre cesse de répondre à leurs attentes. Si mon partenaire est tout pour moi, je suis à la merci de son amour, de son appréciation. Entretenir des amitiés, trouver une satisfaction au travail ou dans des loisirs devient alors crucial pour délester la relation amoureuse d'une charge qui devient vite insoutenable pour le couple. Il sera alors possible, quand surviendra une mésentente, de distinguer un conflit conjugal normal d'une remise en question globale de la valeur de chacun.

L'amour prend inévitablement la forme d'une quête de soi et des premières personnes que nous avons aimées — souvent nos parents. Ces racines du sentiment amoureux refont souvent surface dans des temps de crise ou de conflit, et leur résurgence exige souvent un travail dans le couple. Nous verrons dans ce qui suit que la relation amoureuse peut aussi être un lieu d'évitement où l'un se voit déléguée la charge de tâches jugées trop ardues par l'autre ou d'aspects de soi qui pèsent au partenaire. Voyons comment la relation de couple peut ainsi devenir un lieu d'élucidation plutôt que d'évitement.

Le couple : lieu d'évitement ou d'élucidation

QUE CE SOIT PAR la délégation ou la projection, le couple est un lieu privilégié pour éviter des aspects indésirables de soi. La délégation se fait à l'insu de chacun dès l'attrait des débuts. Nous verrons comment le choix amoureux agencera des personnes qui se confient réciproquement des tâches ou des émotions trop difficiles à assumer seul. Quant à la projection, elle est constamment agissante et nous fait attribuer à l'autre des côtés de nous dont nous voudrions bien nous débarrasser ou que nous aimerions changer. Dans les deux cas, il y a évitement et il y a surtout dans la relation amoureuse de l'interférence qui peut mener à un malentendu.

Éviter en déléguant

Le choix du conjoint a parfois pour but inavoué d'éviter d'affronter des conflits non résolus avec ses propres parents ou des difficultés à assumer des aspects de soi. Tôt ou tard, le couple se retrouvera au carrefour de tels enjeux non réglés avec soi et avec des personnages du passé.

Déléguer l'agressivité

L'agressivité est une pulsion qui habite toute personne. Elle est nécessaire mais parfois encombrante. Chacun, en fonction de sa personnalité et de son histoire familiale, développe une façon de composer avec l'agressivité. Elle peut être niée et occultée dans une attitude exagérément douce et conciliante. Elle peut aussi être évacuée brusquement dans des colères démesurées, inappropriées et parfois destructrices. Dans l'un et l'autre des cas, l'issue est problématique : la personne douce accumulera des frustrations jamais exprimées, alors que la personne colérique vivra de la culpabilité devant les effets parfois dévastateurs de sa colère. Idéalement, l'agressivité arrivera à s'exprimer par une attitude affirmative, par l'établissement de limites claires et même par l'expression d'une colère mesurée et appropriée en certaines circonstances.

Tu dépasses les bornes, avec ta colère – tu demandes continuellement

Serge et Diane sont tous deux issus de familles où l'expression de l'agressivité était un problème, mais de façons différentes. Chez Diane, la colère était taboue et redoutée, étant vue comme pouvant faire beaucoup de dégâts. Chez Serge, la colère était plus acceptée, mais c'est l'agressivité dans sa forme d'affirmation de soi qui était très inhibée. Dans sa famille, toute affirmation de soi comportait de grands risques qui ne laissaient pour seule option que la conformité et la docilité. L'expression de l'agressivité, qu'elle se fasse sous forme de colère ou par une affirmation de soi, était pour chacun difficile, redoutée et empreinte d'un sentiment de réprobation. Quel ne fut pas le choc de Diane de découvrir le côté colérique de Serge, elle qui avait été attirée par son calme et sa douceur. On peut supposer qu'elle avait tout de même perçu en lui la colère qui couvait et qui finit par le faire exploser pendant leur vie commune. Serge devint peu à peu pour Diane celui qui se met en colère et dépasse les bornes. Du point de vue du thérapeute, il devenait aussi pour Diane le contenant d'une colère qu'elle portait depuis longtemps et n'avait jamais pu exprimer.

S'il arrive à être en colère, Serge n'en éprouve pas moins de grandes difficultés à s'affirmer dans ses besoins et à faire des demandes à Diane, alors que celle-ci est beaucoup plus à l'aise pour demander et dire non. Outré de cette attitude, Serge reprochera à Diane de ne penser qu'à elle. Après une thérapie conjugale, Diane devient parfois celle qui exprime la colère que Serge n'a plus à porter seul. Ce dernier apprend lui aussi à s'affirmer et à demander sans laisser Diane être la seule à le faire au point de paraître « égoïste ». Un travail de réappropriation a été fait de part et d'autre par rapport à l'agressivité, ce qui soulage et apaise la relation.

Tu n'aimes pas ma mère !

Denis a une relation difficile avec sa mère qu'il juge intransigeante. Puis, il choisit de partager sa vie avec Élise qui entre vite en conflit avec sa mère. Cela aura pour effet de déplacer la tension entre Denis et sa mère : il sera plus occupé à défendre cette dernière auprès d'Élise qu'à s'occuper de sa propre colère vis-à-vis de sa mère. Élise devient ainsi porteuse de la colère de Denis envers sa mère. Mais Élise y trouve aussi son compte, car elle exprime face à la mère de Denis une colère qu'elle éprouve face à son propre père. Dès le départ, le choix d'Élise, une artiste un peu bohème, avait suscité la désapprobation de la mère de Denis, confrontant les valeurs de cette femme pratique, terre à terre et peu ouverte. Nous pouvons imaginer que Denis exprimait, par son choix amoureux, un certain rejet de sa mère et un besoin de se différencier d'elle et des attentes qu'elle avait envers lui. Encore là, un travail de réappropriation s'impose pour que Denis assume ses propres sentiments négatifs face à sa mère ainsi que son besoin de se séparer d'elle, et pour qu'Élise reconnaisse la colère qu'elle éprouve envers son père.

Nous voyons comment le choix du partenaire peut viser à écarter un aspect de nous-mêmes que nous ne voulons surtout pas voir. Un partenaire « ajusté » qui porte notre colère, notre besoin d'affirmation, ou qui dénigre notre mère à notre place, nous épargne culpabilité et malaise. Si nous pouvons choisir l'autre en fonction de sa capacité de s'affirmer, de se fâcher, nous pouvons aussi le choisir en fonction d'une incapacité, d'une faille. Selon Lemaire[6], il est remarquable que nous ayons cette capacité de choisir des qualités ou des caractéristiques « négatives » chez le partenaire. Nous choisissons en quelque sorte la défaillance attendue : l'incapacité à s'affirmer face à un parent, le manque d'estime de soi, une fragilité par rapport à la dépression, etc. Nous repérons chez l'autre la disposition latente à cette défaillance, de façon inconsciente bien sûr. C'est cette défaillance que nous craignons de ressentir, que nous nions ou écartons de notre champ de conscience et que nous sommes soulagés de prêter à l'autre.

Déléguer ses craintes par rapport à l'intimité

Jamais nous ne sommes davantage privés de la protection contre la souffrance que lorsque nous aimons, jamais nous ne sommes davantage dans le malheur et la détresse que lorsque nous avons perdu. Freud

Un inconfort partagé par rapport à la sexualité

Lemaire offre un exemple frappant du choix de cette défaillance. Paulette aurait choisi Jacques sur la base, entre autres, de son inconfort sur le plan de la sexualité. Il allait la décharger de son propre malaise à ce propos.

---

6. J.-G. Lemaire, *Le couple, sa vie, sa mort*, Paris, Payot, 1979, p. 124.

Jacques et Paulette consultent à cause de l'impuissance attribuée à Jacques. Ce dernier se présente avec embarras, espère que sa femme parlera la première ; comme elle se tait, il bredouille quelques mots laissant entendre que leur difficulté est de nature sexuelle et qu'il en est le responsable. Il admet quelques activités masturbatoires adolescentes extrêmement banales, mais vécues avec une très grande culpabilité, tandis que Paulette le regarde et paraît confirmer son interprétation des faits, à savoir que c'est bien lui le responsable. Paulette se sent si peu en question dans l'échec sexuel qu'elle n'accepte pas l'idée d'une thérapie de couple, et qu'elle induit son mari à entreprendre une psychothérapie individuelle ; ce traitement personnel aboutit en effet à une guérison symptomatique, mais qui entraîne au sein du couple quelques perturbations, et ramène peu après les deux partenaires en consultation de couple. Cette fois, Paulette explique qu'elle ne peut plus supporter les relations sexuelles avec son mari, et se demande s'il y a quelque chose à faire pour elle. Les entretiens en couple mettent en évidence les interrelations de leur organisation dyadique, qui soulignent les difficultés longtemps latentes de Paulette, difficultés jusque-là masquées par celles, apparemment plus grandes, de Jacques, et qui n'apparaissent qu'après l'amélioration de la situation de ce dernier. Le type de choix conjugal fait par Paulette lui avait permis d'éviter la prise de conscience de ses difficultés personnelles et une éventuelle remise en question[7].

Cet exemple illustre comment le choix du conjoint peut également être celui de la défaillance qu'on veut faire porter par l'autre. En choisissant Jacques, Paulette se délestait de ses propres craintes à l'égard de l'intimité sexuelle et du

7. J.-G. Lemaire, *Ibid.*, p. 122-123.

rapprochement. Le responsable, c'était Jacques. Nous voyons également par cet exemple à quel point le couple est un système en équilibre où l'évolution de l'un entraîne des changements chez l'autre. La puissance sexuelle retrouvée chez Jacques entraîne la frigidité de Paulette. Par le fait même, le couple retrouve un équilibre comportant une distance sur le plan de la sexualité. Sans trop de proximité, le couple semble aller mieux. Il leur reste à gérer cette distance à deux au lieu de désigner un coupable.

Gérer les craintes de rapprochement par le conflit

Dès la première séance de thérapie, Gilles se plaint du peu d'intimité sexuelle entre lui et Céline. « Depuis la naissance des enfants, on dirait que ça ne l'intéresse plus. » Céline acquiesce et dit éprouver moins le besoin de rapprochements sexuels que son conjoint. Dans les semaines qui suivent, des tâches de rapprochement sont données au couple, qui échoue à les accomplir. Le plus surprenant, c'est que Gilles est au moins aussi souvent que Céline celui qui sabote les rapprochements. À plus d'une occasion, le soir où ils devaient vivre une certaine intimité, des conflits sont survenus qui ont provoqué un éloignement et rendu le rapprochement impossible. Ce qui précède témoigne une fois de plus de l'aspect projectif de la phrase de Gilles : « Tu n'as pas le goût de te rapprocher » est aussi « Je crains de te laisser approcher de moi ».

L'homme et la femme arrivent dans le couple avec le bagage de leur famille d'origine. C'est à partir d'une expérience de dépendance totale envers les parents qu'ils s'approcheront du conjoint ou ne s'en approcheront pas. La confiance ou la méfiance qui s'est installée au tout début de la vie conditionnera leur capacité à s'ouvrir à l'autre et à risquer l'intimité. Cette dernière recoupe différents aspects tels le partage des sentiments et la relation sexuelle. Dans tout rapport intime, il y a nécessairement une certaine vulnérabilité des personnes, demandant l'abandon de quelques défenses. Nombre de couples qui consultent pour des problèmes d'intimité sexuelle rapportent des rendez-vous manqués, car la peur qu'ont les partenaires de s'exposer dans le rapport intime est trop grande et les amène à saboter des occasions de rapprochement. Le samedi soir est un bon moment pour se quereller alors qu'il devrait être un moment propice au rapprochement. En effet, quoi de mieux qu'une bonne dispute pour être proche de l'autre tout en étant bien protégé par le mur de la colère. Ou bien c'est après la relation sexuelle que le conflit peut éclater dans le but de rétablir des frontières abolies temporairement par l'union sexuelle.

Gérer les craintes de rapprochement par l'introduction d'un tiers

L'aventure extraconjugale peut être une autre façon d'assurer la distance et de limiter l'intimité dans le couple. L'introduction d'un tiers — un amant ou une maîtresse — instaure une distance protectrice entre les conjoints. Il arrive également que ce tiers soit un enfant qui peut jouer le rôle de conjoint pour la mère ou le père, assurant encore une fois une distance «confortable» entre les deux. Par ailleurs, le tiers qui crée la distance n'est pas nécessairement une personne. Des passions chronophages comme le travail, le sport ou un passe-temps peuvent aussi créer une distance.

Cela dit, il est nécessaire que le couple laisse de la place pour des tiers, soit les enfants, les belles-familles, les amis, le travail et les loisirs de chacun. Il est même sain et recommandé que chaque conjoint ait une activité hors du couple. L'homme ressentira souvent ce besoin de façon plus aiguë et le comblera par la pratique d'un sport, par exemple. La femme aura une vie sociale plus active et sera souvent plus en contact avec sa famille, ses amis. Il reste alors à doser les activités hors du couple et celles où les conjoints peuvent se retrouver.

Exercice

- J'essaie d'imaginer ce qui pourrait faire plaisir à l'autre, lui en fais part et obtiens son avis à ce sujet.
- Je demande à l'autre comment je pourrais l'aider à maintenir ou mettre en place une activité hors de notre couple et qui serait bonne pour lui (elle).

Tu ne t'engages pas – déléguer la crainte de s'engager

Beaucoup d'hommes et de femmes craignent de s'engager sur le plan amoureux. Il arrive que des couples en consultation réalisent qu'ils ne se sont jamais vraiment engagés l'un envers l'autre. Ils sont ensemble sans l'avoir décidé explicitement. La relation peut avoir commencé dans l'informel. La décision de cohabiter peut se prendre sans impliquer un véritable engagement mais pour accommoder une personne qui sort d'une rupture, pour avoir accès aux prêts étudiants, etc. Toutefois, arrive un moment où des difficultés surviennent qui mettent à l'épreuve le lien « amoureux » tout en faisant ressortir le flou autour de l'engagement de chacun. Une clarification s'impose alors.

La peur de l'engagement peut prendre différentes formes et être liée à la peur de l'intimité. Demeurer ouvert à d'autres relations, maintenir la menace d'une séparation et l'absence de projets communs à long terme sont autant de signes qui peuvent témoigner d'une crainte devant l'engagement. Celle-ci relève de l'histoire de chacun et elle est souvent partagée par les deux conjoints, même si elle peut être déléguée à l'un d'eux. Il arrive que l'ambivalence face à la relation soit portée de façon polarisée dans le couple, et que l'un soit très réticent à s'engager alors que l'autre est convaincu d'être avec la bonne personne.

Édith était avec Mathieu depuis 10 ans. Celle-ci l'avait quitté huit mois auparavant et avait débuté une relation avec un autre homme. Avant d'officialiser la rupture, tous deux ont voulu s'assurer qu'ils ne le regretteraient pas s'ils en venaient à se séparer définitivement. Au fil de l'entrevue, il devenait évident qu'Édith était très ambivalente par rapport à la relation. Bien qu'elle trouvait Mathieu très gentil et qu'elle aimait ses valeurs, elle n'arrivait pas à se décider et à faire une croix sur « sa liberté » et sur d'autres relations possibles. De prime abord, Mathieu semblait être celui qui voulait s'engager alors qu'Édith semblait être celle qui hésitait et craignait de s'investir dans la relation. Toutefois, il est ressorti des entretiens que Mathieu était lui aussi très ambivalent par rapport à Édith, mais qu'il s'était peu à peu convaincu qu'Édith était la femme de sa vie au point d'exclure toute séparation, malgré les conflits. C'est peu après ce virage qu'Édith l'a quitté, trouvant insoutenable d'être la seule à être ouvertement incertaine par rapport à la relation. On voit comment l'ambivalence par rapport à la relation s'était peu à peu polarisée et que Mathieu était devenu porteur de la certitude, alors qu'Édith était devenue porteuse du doute. On pourrait aussi dire que le choix amoureux que Mathieu avait fait avec Édith, une femme qui ne s'engageait pas, pouvait être une façon de lui faire porter à elle la crainte qu'il avait lui-même de s'engager.

Tu ne penses qu'à toi – déléguer la satisfaction de ses besoins

Une femme qui consulte pour dépression reproche à son mari de ne pas penser suffisamment à elle et aux enfants. Elle s'en veut aussi à elle-même : « Je ne pense pas à moi, je ne prends pas de temps pour moi, ne fais aucune activité pour mon seul plaisir, mais suis toujours préoccupée du bien-être et du bonheur de mon mari et de mes enfants, sans faire aucune place au mien. » Elle se rend peu à peu compte qu'elle n'a fait que répondre aux besoins des autres et a ainsi délégué le plaisir et la jouissance de la vie à son mari et à ses enfants. Demander, dire ses insatisfactions et jouir de la vie sont autant d'avenues où elle ne s'est jamais risquée. Car paradoxalement, cela comporte un grand risque pour elle. Celui de se juger égoïste, capricieuse, paresseuse, etc.

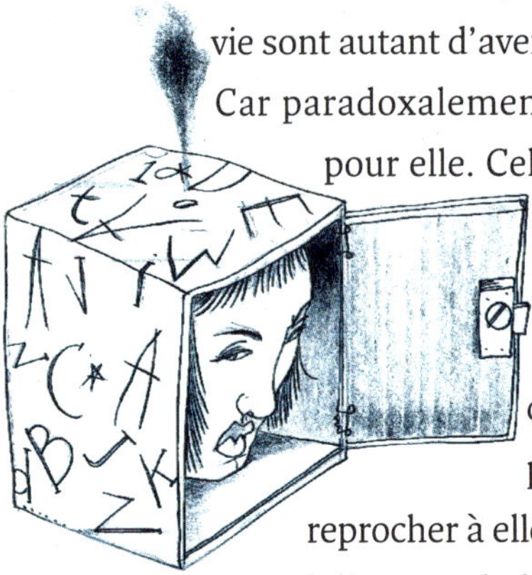

Il est plus facile d'en vouloir à son conjoint parce qu'il est égoïste que de penser un peu plus à son propre bonheur pour ensuite se le reprocher à elle-même. La psychanalyse a nommé *surmoi*, l'aspect de la personnalité d'où surgissent ces « autoreproches » parfois excessifs, quand la personne est en quête de jouissance et de bonheur. C'est ainsi qu'on peut dire des personnes dépressives, des personnes perfectionnistes et de celles qui adhèrent de façon rigoureuse et stricte à des principes religieux ou moraux qu'elles sont accablées par un surmoi bien sévère.

Mais cette sévérité envers soi découle d'un idéal moral très élevé, parfois démesurément élevé, qui peut compenser pour une estime de soi défaillante. Chez cette mère de famille, la reconnaissance des enfants et du mari et le sentiment d'être nantie d'une très grande générosité à leur égard peuvent lui donner une illusion de supériorité éthique, occultant ainsi le sentiment qu'elle a d'avoir très peu de valeur. Par ce stratagème, le jugement ne tombe que sur les autres, entraînant une grande frustration chez cette femme soumise à une telle tyrannie intérieure, mais le sentiment rassurant d'une rectitude morale exemplaire. Enfin, cette femme peut aussi être convaincue que seul un tel don de soi lui obtiendra l'amour de ses proches et la préservera de l'abandon auquel la destinent son peu d'attrait et sa faible valeur.

L'injonction de penser au bonheur des autres jumelée à l'interdiction de songer au sien peut avoir comme conséquence que la personne laisse au conjoint le soin de s'occuper de besoins personnels qu'elle n'a jamais appris à identifier et à satisfaire. La personne souhaite être devinée par l'autre pour que ses besoins soient comblés sans en faire la demande. Elle n'a pas aussi à défier son propre *surmoi* et elle est préservée du sentiment d'être égoïste et de la culpabilité qui l'accompagne. Ce sont les autres qui méritent alors ce reproche.

Dans un autre cas, c'est Charles qui vient en thérapie et parle constamment de sa conjointe dont il prend soin mais de qui il reçoit très peu. Il se montre compréhensif, disponible et patient au point de mettre sa propre vie entre parenthèses. Il fait preuve de beaucoup d'initiatives dans le couple — planification des vacances, activités de loisir, entretien ménager, relations sexuelles, etc. — et déplore la passivité et la dépendance de sa conjointe. De l'extérieur, on pourrait s'étonner qu'il puisse donner autant et se contenter de si peu. C'est que sa façon à lui de répondre à ses besoins est de combler ceux de quelqu'un d'autre. Le couple que forment Charles et Cynthia illustre un aspect qui se retrouve chez beaucoup. Les deux partenaires se positionnent dans des attitudes parentale pour l'un, et infantile pour l'autre. Ici, c'est Charles qui prend la position parentale, que l'on dit aussi « pseudo-mature ». Il est celui qui donne, qui fournit la sollicitude, le support, la nourriture, etc. Quant à sa conjointe, elle se présente sur un mode « régressif » — ou infantile — quêtant l'amour, le don, le soin, le service et l'alimentation auprès de Charles[8].

Spontanément, on serait porté à dire de Charles qu'il est beaucoup plus mature que Cynthia, mais en général, deux personnes qui se choisissent et forment un couple ont un niveau assez semblable de différenciation, ou de maturité

8. Jürg Willi, *Couples in collusion*, New York, Aronson, 1982, 265 p.

affective. Ainsi, si on dit de Charles qu'il est « pseudo-mature », c'est que même s'il semble fort et plein de ressources, il est en réalité tout aussi fragile que Cynthia. Cela saute aux yeux quand celle-ci devient plus autonome et qu'elle a moins besoin de lui. À ce moment, Charles devient déprimé, car il ne peut plus répondre à ses propres besoins par l'intermédiaire de ceux de Cynthia. Il faisait porter à Cynthia cette partie de lui qu'il fuit : la dépendance et la passivité. Il perd donc ses moyens quand Cynthia retrouve les siens.

La polarisation « pseudo-mature / immature » peut prendre diverses formes : « fort / faible », « capable / incapable », « courageux / craintif », « sensible / impassible », « dépendant / indépendant », etc.

Exercice

- De quelle façon votre couple se polarise-t-il : fort / faible, capable / incapable, courageux / craintif, sensible / impassible, dépendant / indépendant, etc. ?
- Quels avantages et inconvénients découlent de cette polarisation pour chacun ?
- Est-il arrivé que cette polarisation se soit inversée ? Qu'est-ce qui avait déclenché ce changement ?

À qui la faute ?

Au début d'une thérapie de couple, il est fréquent que les conjoints tentent de convaincre le thérapeute de la responsabilité de l'autre dans les difficultés du couple. Mais tout thérapeute conjugal acquiert assez vite la conviction que les difficultés d'un couple relèvent VRAIMENT de l'interaction des deux, et non d'un coupable qu'il faudrait désigner. Il s'agit du principe de « circularité » selon lequel les problèmes d'un couple sont maintenus par une succession d'actions et de réactions des partenaires. Jeannine semble contrôlante à Pierre, qui réagit par une plus grande passivité, ce qui renforce Jeannine dans des attitudes de contrôle et confirme Pierre dans ses reproches adressés à Jeannine.

La difficulté de ce couple ne serait donc pas la responsabilité de l'un, mais une interaction qui produit et perpétue une difficulté. C'est Bateson[9], un des penseurs de la théorie des systèmes, qui a démontré que les problèmes conjugaux et familiaux n'étaient pas nécessairement les conséquences d'une cause à identifier et d'un responsable à désigner. Paulette, par exemple, est sur une fausse piste lorsqu'elle désigne Jacques et son impuissance comme la source de leurs problèmes. Il faut plutôt élargir le questionnement et se demander ce qu'il en est de l'impact de l'impuissance de Jacques et de son sentiment de culpabilité sur Paulette. Il est possible qu'elle ressente alors plus de confiance et d'aisance sur le plan sexuel quand elle voit Jacques aussi embarrassé. Elle se sent alors dégagée de ses propres inhibitions et elle devient « audacieuse » sexuellement. Ce « sans-gêne » de Paulette contribue à augmenter l'inhibition, l'anxiété de performance et la culpabilité chez Jacques, qui est « écrasé » par la pression alors que Paulette est légère et libérée. On voit qu'en élargissant l'exploration, ce n'est plus Jacques qui cause l'insatisfaction de Paulette (causalité linéaire), mais l'influence que l'un a sur l'autre et inversement.

La théorie des systèmes a beaucoup contribué à la compréhension du couple et de la famille. En plus de la circularité évoquée précédemment, on retient le principe de la « totalité » du système, selon lequel un système est bien

9. G. Bateson, *Vers une écologie de l'esprit*, T. 1, Paris, Seuil, 1977.

plus que la somme de ses parties. Ainsi, le couple a des caractéristiques nouvelles que n'avait pas nécessairement chacun des conjoints avant de s'unir. Ce système — le couple — façonne les partenaires sans toutefois faire d'eux des êtres fondamentalement différents de ce qu'ils étaient avant. Le couple sera plutôt le révélateur d'aspects souvent occultés mais présents chez l'un et l'autre. Chez Jacques et Paulette, ce sera la dysfonction sexuelle qu'induira le système-couple chez l'un et l'autre alternativement. C'est une défaillance partagée que leur union fait ressortir, mais qui ne prédominait pas nécessairement chez chacun pris individuellement. Un autre exemple classique est celui du sadomasochisme. Une personne peut se surprendre à avoir des tendances sadiques face à une personne qui prend spontanément une attitude plus masochiste.

Le couple a donc une vie et des caractéristiques propres. Il est une totalité, un système bien en vie qui influence les partenaires qui le constituent. Dans ce système, Jacques devient impuissant. Mais lorsqu'il retrouve sa puissance sexuelle, c'est Paulette qui devient frigide. Ce système ne « permet » pas que les deux aient une envie sexuelle en même temps. Il est possible que ce soit une façon de maintenir entre les conjoints une distance qui soit confortable et protectrice.

Par contre, il serait faux de prétendre que Jacques ou Paulette sont à l'aise avec leur sexualité et que l'interaction conjugale a créé leurs problèmes de toutes pièces. Lemaire précise qu'« il n'est pas possible d'induire un rôle, un comportement, un trait de caractère ou un symptôme chez un sujet qui n'y est pas du tout prêt, et chez qui n'existe pas les tendances latentes correspondantes[10] ». Ainsi accuser l'autre de nous avoir rendu comme ci ou comme ça, c'est se décharger d'une part de soi qui nous appartient pourtant, même si elle a pu être occultée.

Éviter en projetant

Comme nous l'avons vu, le choix du conjoint peut se faire en fonction de certains aspects de soi qui ne sont ni assumés ni intégrés. Par exemple, une personne peut se placer dans la position de maturité en choisissant un partenaire qui semble être moins mature. Elle évite ainsi d'avoir à répondre à ses propres besoins pour être centrée sur ceux de l'autre. Nous avons vu également que des couples se polarisent souvent pour éviter à chacun la prise en charge d'un aspect de soi. Par exemple, un conjoint portera pour les deux la colère, les besoins d'intimité et de rapprochement, les besoins d'accomplissement de soi hors de la famille, etc. La réappropriation de ces aspects de soi déposés dans l'autre devient une tâche thérapeutique tant pour le couple que pour chaque individu. Si une réappropriation s'avère nécessaire, c'est qu'il y a d'abord eu projection.

10. J.-G. Lemaire, *Ibid.*, p. 133.

La projection

La projection est un processus intrapsychique créant ou modelant une perception que l'on a d'un objet ou d'une personne. Ce mécanisme échappe à la conscience, ce qui fait qu'on peut avoir une perception erronée de l'autre à cause de l'interférence de nos projections, tout en ayant la ferme conviction d'en avoir une perception objective qui prend en compte les caractéristiques propres de cette personne. L'hallucination est le cas le plus extrême de la projection. On crée alors totalement la perception à partir de notre monde intérieur. Pour la plupart des gens, toutefois, la projection prend plutôt la forme d'une coloration particulière de l'autre — par exemple, l'attitude d'un inconnu est perçue comme hostile par l'un et amicale par l'autre.

La psychanalyse a mis au jour ce mécanisme de défense qu'est la projection, par lequel on attribue à l'autre des aspects inacceptables de soi. La projection dite « défensive » nous évite d'avoir à assumer des aspects avec lesquels nous éprouvons un malaise, telles l'hostilité, la jalousie, l'envie, etc. C'est en quelque sorte une façon de se débarrasser ou de déléguer à un autre une tâche désagréable. Même si la projection s'opère à notre insu, nous pouvons être plus attentifs à l'usage que nous faisons de ce mécanisme de défense inconscient.

Nous aborderons les sections suivantes par le TU. Ce petit mot est le signe probable qu'une projection est à l'œuvre. « Tu ne m'aimes pas » peut être une piste d'exploration pour découvrir si la personne qui prononce cette phrase s'aime ou s'accepte. « Tu es de mauvaise humeur » peut être l'occasion de prendre conscience de son propre malaise. Bref, tout reproche qui implique nécessairement le TU peut être une piste d'exploration de soi. Le travail de la thérapie de

couple vise d'ailleurs à départager les responsabilités de chacun des conjoints. De multiples projections embourbent souvent la vie conjugale et elles obligent les partenaires à une certaine introspection s'ils veulent sortir des conflits récurrents, du chaos et de la confusion. Nous avons retenu les quelques phrases, ci-dessous, parmi beaucoup d'autres qui auraient pu faire l'objet d'une réflexion. Nous espérons que leur simple évocation puisse aider à ébranler des certitudes et à susciter des questionnements là où le TU est lancé comme une accusation.

Tu ne veux pas être avec moi – projeter son peu d'amour de soi

Michel et Justine sont fâchés. Chaque semaine depuis deux mois, ils se retrouvent au restaurant pour un souper en tête-à-tête. L'un de ces jours de rendez-vous hebdomadaire,

Michel appelle Justine à son travail pour reporter la rencontre d'une heure en raison d'un imprévu. Justine se fâche et reproche à Michel de ne pas placer ce rendez-vous parmi ses priorités. À son tour, Michel reproche à Justine de ne pas prendre l'initiative du souper hebdomadaire, devant souvent faire lui-même la réservation au restaurant. Il lui dit avoir souhaité, depuis quelques semaines, qu'elle prenne l'initiative de ces rencontres en organisant l'une d'elles. Il ne sent pas, lui non plus, que ces moments d'intimité lui tiennent à cœur, surtout qu'elle n'en reparle jamais par la suite.

Ils expriment finalement tous deux le sentiment que l'autre ne semble pas intéressé par ce souper intime. Le désintérêt que chacun attribuait à l'autre les ramenait surtout à leur faible estime de soi plutôt qu'à leurs sentiments véritables. Il était plus facile d'en vouloir à l'autre que de s'exposer à dire son insécurité : « Des fois, je ne suis pas sûr que je te plais, que je suis d'agréable compagnie pour toi. »

Il est facile de voir comment le conflit aurait pu s'envenimer par la voie du TU : tu ne veux pas être avec moi, tu n'es pas intéressé à laisser ton travail pour moi, tu le fais comme une corvée… Seul le recentrement sur le JE permets de parler des craintes, des insécurités, des souhaits et des perceptions de chacun.

Tu es tenté de me tromper

Un homme se dit exaspéré par la jalousie de sa femme: «Elle ne cesse de me questionner sur mes collègues féminines, j'étouffe et je voudrais qu'elle cesse de me poursuivre de ses soupçons.» La jalousie de la conjointe n'est pas nécessairement attribuable à un manque de confiance envers son mari, mais elle peut être l'expression d'une grande peur de le perdre, d'un doute sur sa propre amabilité et de la certitude que d'autres femmes sont plus intéressantes qu'elle. La jalousie peut également être la projection sur l'autre de son désir d'aller voir ailleurs. Un homme très jaloux essayait ainsi d'étouffer sa propre envie de séduire d'autres femmes en attribuant à sa partenaire ce désir d'une relation extraconjugale.

Tu me juges – projeter sa culpabilité

Une femme reproche à son mari de ne pas approuver une dépense qu'elle songe faire en vue de la décoration de la maison. Une dispute s'ensuit. La femme qualifie son conjoint d'intransigeant, désirant contrôler et décider pour elle. Il répond qu'il avait besoin d'en discuter avec elle avant de se rallier à sa décision. Une fois la poussière retombée, il ressort que la femme se sentait coupable d'avoir fait beaucoup de dépenses dans les jours précédents, ce qui aurait pu contribuer à la dresser contre toute désapprobation de la part de son mari.

Plus on se sent coupable, plus on a tendance à se sentir jugé par les autres. Comme cette femme se sentait coupable d'avoir trop dépensé, elle s'est, à son insu bien sûr, débarrassée de ce sentiment en attribuant à son mari la responsabilité de sa propre culpabilité, l'accusant de désapprouver sa décision, alors que c'est elle-même qui se jugeait.

La projection qui s'impose à l'autre

Alain et Ginette sont en thérapie de couple. Ginette est en train de dire comment Alain est réticent face à sa mère, qu'il ne semble pas aimer vraiment et face à laquelle il éprouve de la colère. Alain proteste, mais Ginette continue de plus belle, incrédule à tout ce qu'explique Alain. L'échange se corse et Ginette reste de marbre devant tout ce qu'Alain peut dire sur son respect envers sa mère. Ce dernier, exaspéré, se lève et part en claquant la porte. Ginette reste assise, calme et interloquée devant le comportement de son conjoint.

On voit à l'œuvre ici une projection sur Alain de la colère de Ginette face à sa mère. Toutefois, il ne s'agit pas d'une simple projection où Ginette dirait à Alain, « tu n'aimes pas ma mère ». Il y a plus. Alain en vient à *vivre véritablement* le sentiment qui habite Ginette, devient furieux et sort en claquant la porte. On parle alors d'« identification projective » où, inconsciemment, Ginette exerce un contrôle sur ce que ressent Alain et lui transmet, à leur insu à tous deux, la rage qu'elle éprouve face à sa mère mais qu'elle n'ose pas

reconnaître en elle. Elle exerce alors une pression réelle sur Alain pour qu'il en vienne à penser, sentir et se comporter conformément à ce qu'elle projette sur lui. Étonnamment, elle demeure calme et presque soulagée à la suite de cette expression de la colère d'Alain à l'égard de sa mère.

Dans un autre couple, c'est un sentiment dépressif qui est puissamment projeté par le mari sur la femme. Celui-ci ne ménage pas les commentaires dénigrants à l'égard de sa conjointe et lui fait subir une pression qui ne fait que l'écraser. Il lui reproche évidemment sa passivité et son indécision qui sont autant d'aspects qui découlent de l'état dépressif dans lequel elle est plongée. Dès que celle-ci sort de son isolement, va chercher de l'aide, trouve des sources de valorisation, elle devient active et regagne sa confiance en elle-même, et c'est alors son mari qui sombre dans la tristesse, privé qu'il est du réceptacle de sa propre dépression qu'était sa femme déprimée.

Pour sortir de l'impasse

La phrase du président John F. Kennedy « Ne te demande pas ce que ton pays peut faire pour toi, mais plutôt ce que tu peux faire pour ton pays » est également valable pour le couple. Il est très fréquent que des couples arrivent dans le bureau de consultation du thérapeute avec une liste de demandes qui s'adressent à l'autre pour qu'il change ceci ou cela. Il n'y a cependant d'espoir que si chacun se questionne également sur lui et sur sa contribution aux difficultés du couple.

Ça t'appartient !

Il arrive parfois qu'après une introspection, un conjoint se sente injustement blâmé par l'autre : « Non, je ne suis pas en colère. » « Non, je ne flirtais pas avec cet homme. » « C'est faux, je ne tente pas de te contrôler. » Il pourra alors refuser la projection de l'autre et la lui retourner : « Ça t'appartient ! Cette colère, cette envie de séduire, cette impression d'être contrôlé, ce n'est pas à moi. »

L'expression « Ça t'appartient ! » reprend la question de la responsabilité dans un conflit interpersonnel. Pour la personne à qui elle s'adresse, elle est comme une lumière rouge lui indiquant qu'elle se trompe, va trop loin ou fait erreur sur la personne. « Je ne suis pas ta mère ! », « Je ne suis pas en colère, mais toi, le serais-tu ? »

Par exemple, un jeune homme en psychothérapie me disait avoir été soulagé lorsque nous avons pu établir un lien entre sa propre dynamique personnelle et ses échecs. Non seulement il avait cessé de blâmer les autres pour ses malheurs, mais il récupérait la maîtrise de sa vie et de son destin. Il pouvait enfin espérer améliorer son sort par un travail sur lui-même, puisque c'était lui, le principal artisan de son malheur. De la même façon, un homme dans la quarantaine affirmait que son ex-conjointe lui avait rendu un grand service en lui disant dans un conflit : « Ça t'appartient ! Tu dois régler cela, car je ne peux rien pour toi là-dedans ! » Se faire renvoyer à lui-même avait constitué un moment de vérité ainsi qu'une occasion de se mobiliser pour changer.

Il faut voir clair en soi pour cesser d'attribuer à l'autre ce qui nous appartient. Il est tout aussi exigeant et délicat de discerner quand l'autre va trop loin et qu'il nous attribue un sentiment qui est le sien et pas le nôtre.

S'il est important de refuser la projection de l'autre, il est tout aussi vital de s'interdire d'interpréter un comportement chez l'autre. On peut être en désaccord avec une perception que projette l'autre sur soi et l'exprimer: «Ce n'est pas vrai que j'étais tendu à ton arrivée...» Mais on ne peut pas imposer à l'autre une interprétation voulant expliquer sa distorsion perceptuelle: «Tu réagis de façon démesurée à mes commentaires parce que tu es sensible et encore blessé d'avoir été tant critiqué par tes parents et surtout par ta mère, qui...» Cette façon de faire réintroduit le TU accusateur plutôt que le JE introspectif. Elle est aussi une intrusion dans le monde intérieur de l'autre qui ne peut produire que blessure et fermeture, compromettant ainsi tout dialogue.

Passer du Tu au Je

Au-delà d'une simple influence de la famille d'origine, il s'agit plutôt de la « présence du passé ». Bowen

Dans les psychothérapies de couple qui vont bien survient parfois un moment unique et presque magique où les conjoints passent d'une dynamique d'affrontement à un véritable échange où l'un arrive à écouter l'autre. Dans ce retournement de situation, le désir d'avoir raison cède la place au questionnement et à la réflexion d'un des «belligérants» sur ce qui l'amène à réagir dans un conflit spécifique. Il laisse tomber sa garde et se dévoile à l'autre sans autre défense que sa bonne volonté et son désir de mieux se comprendre. Cette volte-face entraîne souvent l'autre dans un même mouvement d'introspection. Les partenaires ont alors réussi à passer du TU accusateur à un véritable JE où les « belligérants » laissent tomber leurs armes pour se présenter comme vulnérables devant l'autre.

Le conflit conjugal perdurera tant et aussi longtemps qu'il n'y a pas ce passage du TU au JE. L'attitude plus réflexive de l'un des partenaires a un impact important sur la dynamique d'accusation et de confrontation. Cette dynamique peut changer dès que l'un des deux commence à se questionner sur lui-même et n'est plus centré sur la faille à trouver chez l'autre.

Concrètement, parler au JE, c'est parler du sens que j'attribue au comportement ou aux paroles de l'autre. Je parle alors de ma perception, de ce que j'ai vu ou entendu, et je dis comment j'ai compris, vécu, ressenti ce que l'autre faisait ou disait. Cette démarche est très exigeante. Elle commence par un centrement sur soi plutôt que par une fixation sur l'autre. Elle exclut le blâme et vise à communiquer quelque chose de soi et non à imposer un changement à l'autre. De prime abord, cette méthode peut sembler bien improductive, car elle ne vise pas à changer l'autre mais à s'ouvrir à lui. Elle comporte aussi le risque que l'autre n'entre pas dans la danse de la vulnérabilité et de l'autodévoilement que j'initie en parlant véritablement au JE. Enfin, elle implique nécessairement que deux vérités soient mises en présence l'une de l'autre, la mienne et celle de mon partenaire, sans que l'une fasse ombrage à l'autre. En résumé, je peux affirmer ce que je perçois et ressens, tout en laissant une place au point de vue apparemment contraire apporté par l'autre, sans pour autant renier ce que je viens de dire. Il ne s'agit pas ici de chercher un consensus, mais de permettre un échange entre deux personnes qui n'ont alors pour seul objectif que de se dire l'une à l'autre, de s'ouvrir l'une à l'autre… Un moment d'intimité quoi !

> Ton silence au déjeuner, ce matin, JE le vis comme si tu trouvais ça ennuyant d'être avec moi. Est-ce ainsi que tu penses ?
>
> Ces questions que tu poses sur cet achat que je viens de faire, elles ME font douter de moi-même et de la confiance que tu as en mes capacités. Est-ce que je me trompe ?
>
> Je me demande si JE te plais encore alors que je vois les attentions que tu as pour d'autres femmes (d'autres hommes).
>
> Quand tu t'assieds à table, que tu manges et te lèves comme tu le ferais au restaurant, JE me sens tenu pour acquis et JE me mets à douter que tu apprécies vraiment ce que je fais pour toi.

Ce type d'échanges permet à chacun de montrer des aspects moins connus de soi. En même temps qu'il est un dévoilement de ces aspects plus intimes de soi, il exprime aussi l'intérêt et le respect que l'on éprouve pour l'autre, pour ce qu'il vit et ressent. Il est une invitation, une porte ouverte, car l'autre est exempt de tout blâme qui pourrait le raidir et le mettre sur la défensive.

Il est parfois difficile de se parler ainsi, et ce l'est d'autant plus lorsqu'il est nécessaire de le faire. En effet, dans ces moments où l'un des conjoints est blessé par ce que l'autre a dit ou fait, une trêve peut être indiquée pour laisser retomber la poussière et pour éviter que la personne blessée ne se mette à accuser l'autre et engendre ainsi une escalade conflictuelle. Un « cessez-le-feu » peut être nécessaire afin que les émotions intenses s'estompent et qu'elles laissent place à l'expression de ce qui a été ressenti et compris. Après tout, ce n'est peut-être qu'un malentendu...

Par exemple, une femme issue d'une famille où il est inacceptable d'interrompre une autre personne alors qu'elle est en train de parler réagit plutôt mal quand son mari termine les phrases à sa place. Elle l'interprète comme un signe d'impatience et d'irrespect de la part de son mari à son égard, et elle en est blessée. Pour son mari toutefois, l'habitude de terminer les phrases de sa femme est un signe de l'intérêt qu'il porte à ce qu'elle dit et de son implication dans l'échange. Ce type de malentendu ne peut être clarifié que si chacun arrive à exprimer le sens bien personnel qu'il donne à une telle situation en fonction de son histoire personnelle et de son éducation.

Ce n'est pas moi, ce sont eux en moi !

Des recherches actuelles montrent que nos gènes portent l'inscription de la vie de nos ancêtres. Ainsi, si nos grands-parents ont été exposés à un polluant ou au stress, il est possible que nous en développions les conséquences — soit

des maladies, de l'anxiété, etc. — sans y être exposés. Génétique ou psychique — ou encore les deux —, la transmission serait bien réelle. Il suffit de s'observer pour revoir nos parents dans telle ou telle attitude. Un bébé arrive au sein d'une famille et les associations fusent : il a les pieds de sa tante, le front de son père, le nez de sa mère, la persévérance de son père, l'humour de sa mère, la curiosité de sa grand-mère. C'est ainsi qu'on inscrit un enfant dans une lignée, qu'on le fait légataire de certains traits et attitudes.

Dès la naissance de ma fille, ma conjointe m'avait fait remarquer comment elle plaçait son pouce entre l'index et le majeur, comme je le fais moi-même. Je n'en avais pas pris conscience, ni chez ma fille ni même chez moi. J'avais donc transmis à ma fille une caractéristique personnelle dont je n'étais même pas conscient. Cet exemple de transmission génétique d'une disposition physiologique montre tout ce que nous pouvons transmettre à nos enfants à notre insu, ainsi que tout ce que nos parents nous ont transmis de la même façon.

Le passé familial de chacun d'entre nous est comme un courant marin qui amène au large le plus habile nageur. Il nous fait répéter malgré nous des attitudes, des émotions et des comportements. C'est comme si nos ancêtres venaient nous visiter et que ces visites se traduisaient par des comportements répétitifs ou des émotions intenses et même démesurées.

Une femme prépare le souper, puis le sert à son mari et aux enfants. Le mari complimente son épouse sur le repas, mais lui demande si elle a mis telle épice. À cette seule question, la femme réagit avec une colère qui surprend et les enfants et le mari. Elle se met alors à reprocher au mari son ingratitude et son attitude critique à son endroit. Heureusement, le mari n'entre pas dans la valse de la colère de sa femme, mais apaise celle-ci. Dans cet événement, le mari était subitement devenu la mère critique et toujours insatisfaite. Son simple commentaire avait déclenché chez sa femme une colère destinée en fait à la mère de celle-ci. On peut dire que la mère de madame lui avait fait une visite impromptue.

Des événements qui ressuscitent nos ancêtres

Nous pourrions dire, à la suite d'Alain de Mijolla[11], que nos ancêtres se manifestent à la manière de « visiteurs du moi », de survenants faisant irruption dans nos vies jusque dans les interactions de nos couples. Des événements qui s'apparentent à ce qui a été vécu dans notre famille d'origine peuvent causer la venue de personnages de notre passé familial. Se produit alors une *irruption*, « entrée soudaine et brutale d'un groupe dans un lieu, envahissement brusque ». Moment de discontinuité dans la vie du couple qui se révélera aussi être une répétition. Cette irruption ébranle les assises identitaires

11. Alain de Mijolla, *Les visiteurs du moi*, Paris, Les Belles Lettres, 1981.

des partenaires. Que deviens-tu et qui suis-je pour toi? Qui crois-tu que je sois? Vois-tu en moi ta mère, ton père, une partie d'eux, une partie de toi? Les psychothérapeutes sont des témoins privilégiés de cela dans leur bureau.

Ainsi cette femme ayant perdu sa mère subitement par accident à l'âge de 11 ans et qui vit chacun des départs de son mari comme un abandon. On pourrait dire que la mère de cette femme fait irruption à chacun des départs de son mari, qui viennent tous raviver la douleur du décès de sa mère, qu'elle a vécu comme un abandon brutal. « Tu me laisses toute seule, tu vas où, combien de temps, tu reviens quand? » dit-elle à son mari chaque fois qu'il part. En réaction à cette menace terrible, elle exerce un contrôle et une emprise sur son mari qui ressemblent à ceux qu'exerçait son père sur elle. « C'est à moi ça! » disait son père en saisissant le ventre de sa fille devant son mari, au début de leurs fréquentations. On pourrait donc dire que, lorsque survient un départ, sa mère et son père sont tour à tour invoqués. Sa mère décédée subitement se manifeste alors qu'elle craint le pire avec chaque départ de son mari; quant à son père, il se profile derrière ses attitudes de contrôle et d'emprise.

Il est intéressant, ici, de voir comment cette femme a trouvé « chaussure à son pied » avec un conjoint qui a, lui, souffert de l'indifférence de ses parents à son égard. Il se souvient même avoir tenté de se suicider en consommant des médicaments sans que ses parents l'emmènent à l'hôpital. Blessé par tant

d'indifférence, il aurait choisi une femme qui ne cesse pas de lui manifester son attachement par son inquiétude. Le problème, c'est qu'il finit par se sentir étouffé et avoir le goût de partir, répétant ainsi pour sa conjointe le trauma infantile du décès de sa mère, vécu comme un abandon.

Comme pour ce couple, il arrive souvent que des partenaires soient aux prises avec des blessures du passé qui s'appellent et se renforcent. Ainsi, tous deux ont vécu l'abandon par l'indifférence de parents centrés sur eux-mêmes (pour monsieur) et par la mort subite de la mère (pour madame). Un grand pas est fait quand ils peuvent se laisser réunir plutôt que diviser par ces souffrances communes. Ainsi, le travail thérapeutique vise à les faire passer de l'accusation à l'expression d'une émotion liée à une blessure d'antan. Pour madame, il s'agirait de passer de: « Tu me laisses toute seule » à « Je m'ennuie de toi, tu me manques ; je suis inquiète quand tu pars. » Pour monsieur, le blâme « Tu m'étouffes et m'accapares » pourrait faire place à « J'ai besoin d'air, mais j'ai aussi besoin de sentir que je compte pour toi. » En élargissant leur conscience aux sources historiques du conflit dans lequel ils se retrouvent continuellement, les conjoints peuvent sortir la tête de l'eau et situer leurs querelles sur un horizon plus vaste que celui de l'immédiateté, du contrôle et de l'indifférence dont ils s'accusent, du non-amour qu'ils appréhendent. Le conflit peut alors être recadré, et chaque partenaire peut éventuellement être apaisé.

Le travail de reconstruction historique vise à ce que chacun élabore son lien personnel à « l'ancêtre » faisant irruption. Pour monsieur, c'est de reconnaître sa colère et sa tristesse face à des parents pour qui il ne comptait pas beaucoup. Pour madame, c'est de revisiter ce choc terrible, cette perte prématurée de sa mère avec tout l'abandon et la détresse que cela a pu lui faire vivre. Ce travail d'élaboration est essentiel afin que l'ancêtre réintègre le monde des vivants, le monde intérieur des conjoints. Cela ne les empêche pas de ressentir l'abandon, mais ils peuvent alors discerner qu'une bonne part de leurs sentiments n'est pas attribuable à la situation qu'ils vivent.

Si le travail d'élaboration et de compréhension n'est pas fait, l'ancêtre continue à errer « comme en un bal de vampires plutôt maléfiques » (*Préhistoires de famille*, p. 211), profitant du fait qu'il est ignoré pour faire irruption dans la vie des couples et prendre plus de place qu'il ne lui en revient. Ce travail souvent exigeant et long comporte une récompense : la découverte, derrière les masques et sous la poussière, des traits humains, si merveilleusement humains de ces autres, nos ancêtres, qui nous constituent et qui forgent notre être.

Au bout de ce travail, les conjoints cessent d'accuser l'autre de ce dont ils auraient voulu accuser père, mère ou frère. Les fantômes de chacune des familles d'origine des conjoints deviennent visibles et risquent moins d'être confondus avec l'être aimé. Le couple est moins une mise

en scène d'une pièce écrite et jouée dans le passé. Un espace existe pour une nouvelle création habitée des rêves, des espoirs et des projets de chacun des conjoints.

Que la famille laisse des trous, des forces inestimables ou des blessures plus ou moins profondes, elle laisse toujours des traces que nous apportons le plus souvent à notre insu dans notre couple. Ces traces, si elles sont ignorées, peuvent d'autant plus refaire surface dans le couple et abîmer la relation amoureuse en instaurant une répétition mortifère de situations souffrantes liées aux familles d'origine de chacun des conjoints.

Freud citait Goethe, qui écrivait: « Conquiers ce qui t'a été légué. » Voilà bien une tâche qui nous incombe comme partie prenante d'une lignée générationnelle. Comment prendre conscience, s'approprier, faire sien, intégrer, mettre à profit ce qui nous a été légué? Alain de Mijolla, dans son très beau livre *Les visiteurs du moi*, décrit ce passage de l'attribution externe à l'attribution interne, c'est-à-dire le passage à une plus grande responsabilisation où nous assumons davantage ce que nous sommes et où nous faisons la paix avec les diverses parties de nous-mêmes:

> Père, mère, grands-parents, frères et sœurs, que n'avais-je pas débité sur eux?... Leur responsabilité dans mon opiniâtre malheur ne faisait aucun doute... Tournant en rond, j'avais en vérité décrit ces personnages comme extérieurs à moi... Il me restait en fait à les retrouver là où ils se tenaient effectivement, toujours agissant, *en moi-même*... (De Mijolla, p. 10)

Revisiter le passé n'est donc pas le prétexte à une déresponsabilisation pour blâmer mère, père, oncle ou grand-père, mais une exploration des diverses parties de nous-mêmes héritées de nos ancêtres. Le chemin décrit par Alain de Mijolla est celui de la connaissance de soi, celui sur lequel nous tentons d'avancer pour arriver à formuler un JE plus assuré, mieux délimité, en même temps que plus consciemment en lien avec ces autres dont chacun est pétri.

L'e choix du conjoint comme indicateur du travail à faire

On observe chez les couples que le motif principal du choix amoureux devient souvent le foyer du conflit qui éclate. Par exemple, Sylvie admirait l'ambition de Bertrand, qu'elle lui reproche pourtant aujourd'hui. C'est comme si un motif conscient du choix amoureux en cachait un autre inconscient, qui finit par être au cœur des conflits du couple. Ainsi, l'admiration de Sylvie pour l'ambition de Bertrand cacherait son propre désir de s'accomplir dans une carrière, qui peu à peu émerge et devient la source de conflits avec Bertrand. Solal souligne les désirs contradictoires de celle qu'il aime à son endroit :

> Si leur inconscient aime le mépris, leur conscient par contre veut des égards. (p. 332)

> Tu vois combien de contradictions. Fort mais vulnérable, méprisant mais complimenteur, respectueux mais sexuel. Et chaque manège lustre son contraire et en accroît l'attrait. (p. 333)

Comment comprendre cet amour du mépris quand l'amoureuse a consciemment choisi son homme pour les égards qu'il avait pour elle ? Comment réagit-elle quand la force de l'amant fait place à la vulnérabilité, sa force sexuelle au respect et à la pudeur ? Toutes ces questions soulignent que l'être aimé est choisi pour des motifs qui échappent souvent à la personne et sont en contradiction avec les motifs conscients.

Mony Elkaïm[12] a bien identifié cette dualité entre le conscient et l'inconscient. Il nomme « carte du monde » — ou construction du monde — ce qui a été vécu et inconsciemment intégré par les conjoints, et « programme officiel » ce qui est consciemment demandé à l'autre. Les femmes qu'évoque Solal auraient ainsi un « programme officiel » qui demande des égards, le respect et une certaine pudeur, tandis que leur « carte du monde » ou leur constitution intrinsèque compose avec le mépris et une sexualité sans entraves.

Elkaïm mentionne l'exemple d'une femme qui se plaint que son mari s'intéresse à d'autres femmes et la trompe. Elle l'a quitté à de nombreuses reprises, mais il la supplie chaque fois de le reprendre, ce qu'elle accepte. Nous serions en droit de nous demander comment il se fait qu'alors que de nombreux couples rompent définitivement dans pareille situation, ce n'est pas le cas de celui-ci. Selon Elkaïm, le programme officiel de cette femme serait « je veux être la seule femme qui

12. Mony Elkaïm, *Si tu m'aimes, ne m'aime pas. Approche systémique et psychothérapie*, Paris, Seuil, 2001.

compte », tandis que sa carte du monde dit plutôt « les autres femmes passent avant moi ». Le comportement du mari conforte la construction du monde de sa femme et la maintient dans ce qu'elle connaît.

Cette hypothèse prend son sens avec cette femme qui avait deux sœurs toutes deux préférées des parents. Elle est tiraillée entre son désir d'être préférée et sa croyance qu'elle ne le sera jamais. Cette croyance — sa carte du monde — pourrait se formuler ainsi : « Même si mon mari se comportait comme s'il m'aimait, il finirait par me laisser tomber, et je retrouverais cette douleur profonde que j'ai vécue avec ma mère ou avec mon père par rapport à mes sœurs. »

Les retours éplorés du mari avec l'intention de changer pourraient signifier : « Je veux qu'on soit content de moi, que ma femme soit contente de moi. » En même temps, son comportement dit : « Je n'ai pas l'expérience d'avoir contenté ceux qui étaient importants pour moi. » Cette phrase traduirait sa carte, sa construction du monde, qu'aurait contribué à façonner le suicide de sa mère lorsqu'il avait cinq ans. Il a pu se demander si sa mère était mécontente de lui au point de s'enlever la vie.

On pourrait aussi dire que chacun a l'occasion, dans le couple, de soigner une blessure profonde. À défaut d'avoir pu rendre sa mère heureuse avant qu'elle se suicide, monsieur a l'occasion de pouvoir rendre contente sa femme rendue triste par ses trahisons. Madame, elle, habituée d'être laissée en plan par ses parents au profit de ses sœurs, peut enfin espérer être la préférée de son mari repentant, après les incartades de celui-ci.

On voit ici comment ces conjoints, malgré la douleur qu'ils s'infligent, se protègent mutuellement de vivre un espoir déçu. Madame lui évite d'être décevant comme il a le sentiment de l'avoir été pour sa mère, puisqu'il est *constamment* insatisfaisant et qu'elle ne peut pas s'attendre à être contentée par lui. Quant à lui, il évite à sa femme la douleur

Petit exercice autour du choix du conjoint

Ce qui suit est un petit exercice ni magique ni infaillible. Il s'agit de l'ébauche d'une réflexion sur l'influence de votre famille d'origine sur votre vie de couple. Vous êtes invité à le faire dans un état de calme, laissant venir les images de vos parents (ou ceux qui ont joué ce rôle) et de vos souvenirs d'enfance (positifs ou négatifs).

A Les traits positifs de mon père
et de ma mère.

B Les traits négatifs de mon père
et de ma mère.

C Ce que j'ai toujours voulu
et ce dont j'ai toujours eu besoin
dans mon enfance.

D Mes frustrations récurrentes
et ce que je faisais quand
j'étais frustré.

E Les souvenirs positifs de mon enfance
et comment je me sentais.

- Je tente de transformer une personne qui est B...
- En une personne qui soit A.
- De façon à ce que j'obtienne C...
- Et que je me sente E.
- Je m'empêche parfois d'obtenir cela en D[10].

10. W. Luquet, *Short-Term Couples Therapy. The Imago Model in Action*, New York, Brunner/Mazel, 1996, 272 p.

de passer de préférée à négligée, puisqu'elle n'est jamais préférée et ne peut aspirer à l'être. Ce maintien dans un état connu est douloureux, mais moins que la perte de l'état rêvé et cru impossible selon la construction du monde qu'a façonnée l'histoire de chacun.

La thérapie de couple : pour créer un espace

Les psychothérapies conjugales sont diverses, et de plus en plus de couples y ont recours pour chercher un soutien face à des difficultés multiples. Voici les témoignages des membres d'un couple qui ont bien voulu partager leur expérience après une démarche exigeante qui a duré plus d'une année :

MADAME : « D'abord, il y a eu les bienfaits je dirais à court terme, au fil du processus, comme si être en thérapie était déjà aidant. Sentir, dans la semaine, que l'on aurait un lieu pour parler nous libérait des tensions. Et puis on dirait que cela nous donnait, je crois, le courage d'aborder certaines choses, ou peut-être plus une audace. Cela permettait de façon très vitale de se parler, mais surtout de s'entendre, de laisser un espace pour la voix de l'autre en soi. Aussi, il y a eu la possibilité de créer un espace entre nous, qui se trouvait d'abord, je crois, en la personne de la thérapeute. Elle contenait nos éclats et nos angoisses et, par le fait même, elle incarnait cet espace qui s'est installé un peu plus entre nous durant la démarche. Pour ma part, la thérapeute m'aidait à

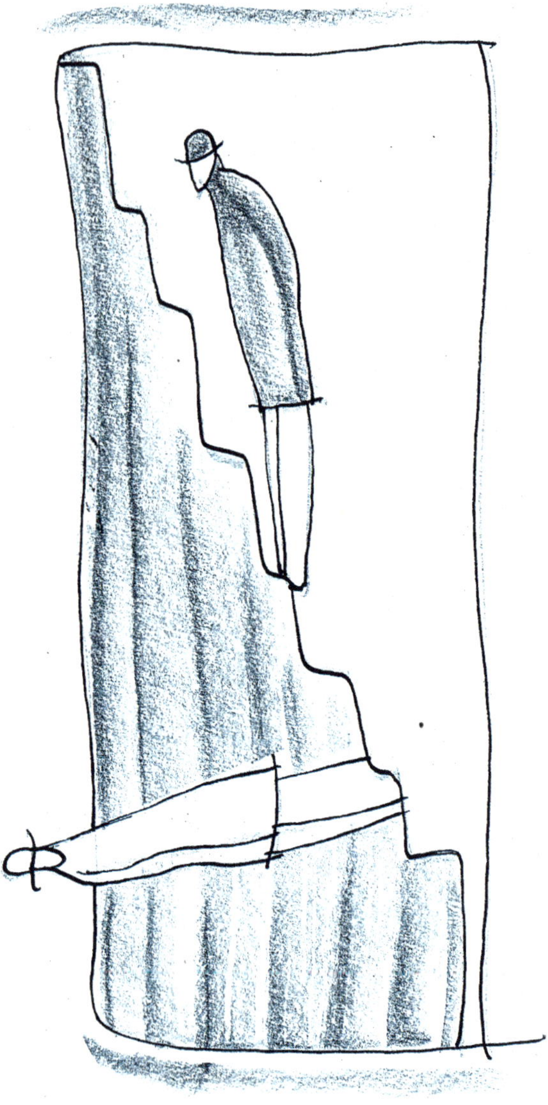

supporter une grande impuissance que je ressentais dans cette période-là par rapport à nous deux. À travers nos difficultés, elle voyait clairement, je crois, notre amour — plus que nous — et cela nous a aidé aussi, il me semble.

» Maintenant, quand je repense à la thérapie, je la sens comme une force en nous que nous avons construite ensemble. Je sais bien que cela ne vient pas avec des garanties, mais c'est comme si je me dis qu'un jour, si je sens que nous perdons cet espace et que nous n'arrivons plus à nous rejoindre, nous pourrons y retourner — nous l'avons fait — et là, nous aurons un lieu pour aborder des choses.

» Et puis je dois dire que je suis fière de nous pour cela, nous avons travaillé fort, ç'a été très difficile par moments, mais nous en avons retiré beaucoup. »

MONSIEUR : « La démarche de thérapie de couple a été très exigeante. Il était parfois difficile de parler devant ma conjointe et la thérapeute. Je me sentais alors très exposé lorsque je m'ouvrais. J'ai parfois craint de tout détruire en voyant ma partenaire s'effondrer pendant et après des séances, alors que j'exprimais ma colère et mon ressentiment. Il me semblait que nous nous retrouvions dans une impasse et tournions souvent en rond. Mais la présence tranquille et sécurisante de la thérapeute, semaine après semaine, a transformé des choses entre nous sans que je m'en rende vraiment compte durant le processus. Bien sûr, nous avons amélioré notre communication, nous avons abordé la sexualité entre nous, la question des tâches ménagères, de l'argent, mais c'est surtout qu'une personne était là, entre nous et avec nous, alors que nous nous aventurions dans des zones dangereuses. Nous avons moins appris à résoudre nos problèmes qu'à les aborder sans nous faire trop de mal. À travers la personne du thérapeute, une personne bienveillante pour les deux s'est immiscée entre nous. On dirait qu'elle a continué à être un peu là, même après la fin du processus. En fait, le processus a élargi l'espace pour l'amour entre nous et pour des aspects de ma conjointe que je m'étais peu à peu empêché de voir et d'apprécier, tels son côté tendre et aimant, ainsi que sa sensibilité à l'autre. »

PARTIE 3

Une spiritualité du couple

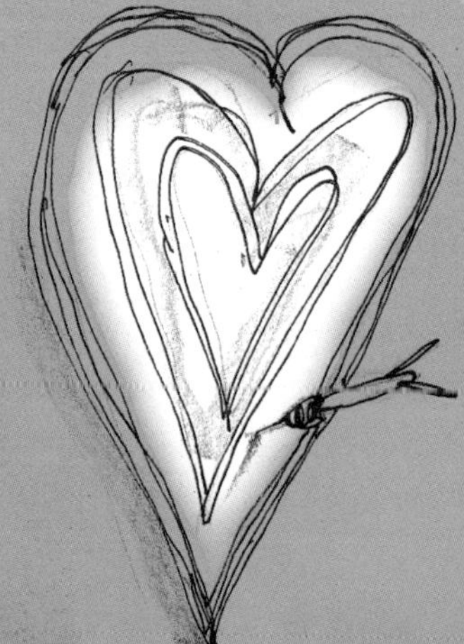

Introduction

NOUS AVONS VU de quelle façon la vie de couple renvoie inévitablement les conjoints à eux-mêmes et devient un lieu thérapeutique dans la mesure où des deuils sont faits, les responsabilités assumées et des aspects de soi apprivoisés. Mais si l'union conjugale peut être le lieu d'une croissance humaine, peut-elle privilégier la croissance spirituelle ? Dans la tradition chrétienne, le mariage est le signe de l'amour de Dieu pour les humains que les partenaires doivent imiter en se considérant l'un et l'autre comme temple de l'Esprit divin (1 Co 6,19). La relation amoureuse n'aurait pas qu'une dimension horizontale, mais également verticale. Elle serait le lieu privilégié de la présence divine ainsi qu'un appel à une vie ouverte à la dimension spirituelle.

Qu'advient-il des couples qui ne se réfèrent pas à la tradition chrétienne, qui se font « dans les faits », hors traditions, sinon des traditions à la pièce, selon les itinéraires de chacun ? Que devient le « sens de la vie » que deux personnes qui s'aiment se surprendraient à découvrir du dedans de leur amour ?

Leur engagement conjugal a-t-il un impact sur leur « aptitude à la transcendance » ? De quelle façon se traduit cette aptitude dans le quotidien d'un couple ? Comment l'appel à la transcendance et à une vie spirituelle peut-il prendre forme et s'insérer dans la vie conjugale ? Comment un sens à la vie peut-il se forger hors d'une Église et de ses propositions de sens ?

Loin de moi l'idée de fonder une religion du couple dont les partenaires seraient les officiants. Il s'agit plutôt de se faire chercheur de sens à partir d'émois, de joies indicibles, de troubles profonds, de pardons accordés et reçus, de dépassements insoupçonnés, d'espoirs tenaces. Deux êtres qui s'aiment et s'engagent l'un envers l'autre peuvent-ils être bouleversés au point de voir la vie autrement ? Ce sont là des questions à partir desquelles je propose d'appréhender un sens à la vie que laisserait entrevoir la vie à deux.

La foi en l'autre

On pourrait résumer ainsi le travail thérapeutique des conjoints : *Connais-toi toi-même pour accepter l'autre tel qu'il est et non tel que tu voudrais qu'il soit ou tel que tu pourrais le façonner par tes perceptions et projections.* On évite la rencontre de l'autre en façonnant l'autre à son image ou en se faisant le miroir de l'autre. On peut également s'utiliser mutuellement pour ne pas faire face à des aspects de soi bien enfouis. On évite soigneusement la rencontre de l'autre et la connaissance de soi tout en vivant avec un vertige incessant. Celui d'être emporté par la déception de soi et de l'autre, par des conflits insolubles et fatals pour la relation et, enfin, la possibilité que le rêve s'évapore, confinant chacun à l'échec et à la solitude. Se priver de la rencontre avec l'autre et avec soi peut revêtir un aspect protecteur, mais chacun se retrouve ainsi seul, privé de l'autre et de ses richesses. La rencontre véritable n'a pas lieu, celle qui peut amener du nouveau, de l'inédit.

Dans un ouvrage précédent, j'évoquais le soupçon qui mine autant les relations amoureuses que la relation à Dieu. Le témoignage d'une jeune femme de 28 ans était particulièrement bouleversant. Elle parlait de l'impossibilité d'aimer et de croire:

> « Aimez-vous les uns les autres »... Pour moi, ça n'a plus de sens, cette affaire-là. Y a ben d'autres affaires qu'il faut qu'on regarde, qu'on touche, il faut jaser avant de dire « aimons-nous les uns les autres ». Pour moi, c'est ça le petit Jésus... J'y crois pas, à cette affaire-là. On a de la misère à accepter d'être aimé, on a de la misère à aimer, tu sais, ça fait que chantez-nous pas cette affaire-là... Pour moi, j'ai de la misère à accepter que quelqu'un m'aime aujourd'hui, c'est ben trop menaçant, se faire aimer, ben trop menaçant aimer, ben trop dangereux. J'y crois pas, je peux pas y croire. L'amour va arranger les affaires, ça c'est des fausses croyances.

La méfiance et la peur d'être blessée ont amené cette femme à se fermer à toute rencontre, celle d'un amoureux et celle d'une transcendance. On voit ainsi à quel point la méfiance compromet autant la possibilité d'une relation amoureuse que celle d'une spiritualité qui établirait un rapport de confiance avec le divin. Il ressort clairement ici que la spiritualité et la foi ne se construisent pas ailleurs que sur des assises de confiance et de complicité avec des vis-à-vis bien humains:

La première forme concrète de la foi est la foi interpersonnelle, c'est-à-dire la foi entre les humains. Par là nous entendons cette foi qu'une personne accorde à une autre personne. Par cette foi interpersonnelle, l'être humain peut acquérir un sens... La foi interpersonnelle se trouve à la jointure de ce que nous avons appelé foi transcendantale...[13]

La relation amoureuse pourrait ainsi être considérée comme un lieu possible de déploiement de la confiance et de la foi au Tout-Autre.

13. Bernard Welte, *Qu'est-ce que croire*, Montréal, Fides, coll. « Héritage et projet », n° 28, Montréal, 1984, p. 50.

Un sens qui passe par l'autre

« L'HOMME, ÉCRIT JEAN GRONDIN, est le seul être à s'interroger de manière aussi radicale sur le sens de son existence[14]. » Cette quête de sens peut devenir plus intense à certains moments de la vie et, en même temps, être sous-jacente comme un courant souterrain.

En me faisant visiter sa nouvelle maison aux dimensions imposantes, un ami me confiait à quel point son entretien et les efforts qu'y mettait son épouse ne trouvaient de sens que par les enfants qui en profitaient et s'y épanouissaient. Cela montre combien il était nécessaire à mon ami de donner un sens à la possession de ce bien et au travail quotidien qu'il exigeait. La possession de la maison pour elle-même ne procure pas ce sens qui doit être trouvé ailleurs, dans la jouissance qu'en retirent d'autres et dans ce qu'elle leur apporte.

14. J. GRONDIN, *Du sens de la vie*, Montréal, Bellarmin, 2003, 142 p.

Comme la possession d'une maison qui a du sens à partir de celui qu'elle a pour d'autres (les enfants), la vie qui a du sens est celle qui s'engage dans un sens qui la dépasse (Grondin, p. 142). Ainsi, écrit Grondin, aucune vie n'est en mesure de se fonder elle-même. Elle vient d'ailleurs et son souffle est limité (p. 140). La quête de sens ne peut donc se faire en vase clos. Elle appelle l'autre, ses besoins et conduit au souci pour l'autre. La dynamique de la quête de sens se situe justement dans ce dépassement.

Du souci pour l'autre et de la perte appréhendée

Au-delà de la croissance humaine — responsabilisation, rapatriement des projections, cohabitation plus sereine avec des aspects moins aimés de soi —, il y aurait également dans la relation de couple une possible appréhension de données fondamentales de l'existence humaine, comme la finitude humaine et la solitude.

La fragilité de l'autre peut prendre une grande importance dans la vie amoureuse. La peur de le perdre bêtement devient cruellement plausible. S'il ne revenait pas, s'il lui arrivait quelque chose ? Qui partira le premier, comment lui survivrai-je ? La finitude humaine et la fragilité de la vie prennent un relief particulier sous le poids de l'attachement à l'autre. La peur de perdre l'amour de l'autre après s'être reposé sur lui, la peur de le perdre carrément après s'y être attaché deviennent des catalyseurs d'angoisse. Pour les personnes âgées, un événement négatif peut mobiliser la personne dans le sens d'une autotranscendance. Dans le couple, l'aptitude à la transcendance pourrait venir du fait d'appréhender de perdre l'autre, alors que la proximité et le sentiment de dépendance qui s'ensuit augmentent la vulnérabilité des deux amoureux.

On ne peut évidemment pas vivre constamment avec la peur de perdre l'autre, mais surviennent parfois des moments de lucidité où l'on voit l'autre, l'avenir, la vie autrement. Dans cet autrement, nous ressentons quelque chose d'indicible à propos de la vie, de sa fragile grandeur et de la mort. N'est-ce pas là que réside ce qu'on appelle la spiritualité? Tel le Dieu de l'Ancien testament qui se manifeste discrètement au prophète Élie dans le souffle de la brise légère:

> Et voici que Dieu passa. Il y eut un grand ouragan, si fort qu'il fendait les montagnes et brisait les rochers, en avant de Dieu, mais Dieu n'était pas dans l'ouragan; et après l'ouragan, un tremblement de terre, mais Dieu n'était pas dans le tremblement de terre; et après le tremblement de terre un feu, mais Dieu n'était pas dans le feu; et après le feu, le bruit d'une brise légère. Dès qu'Élie l'entendit, il se voila le visage avec son manteau, il sortit et se tint à l'entrée de la grotte.» (1 Rois 19,11-13)

Des rituels qui relient et rassurent [15]

SI L'ANGOISSE EXISTENTIELLE peut être le moteur de la quête de sens, les rituels en sont les marqueurs, les balises ou les passeurs. Le rituel apaise l'angoisse tout en ouvrant à la transcendance. Il origine, la plupart du temps, d'une situation, d'un événement, d'une menace appelant une action. Nous avons des exemples dans la tradition chrétienne : souhaiter bonheur et protection à un enfant par le baptême ; dire adieu à un être aimé en couvrant son cercueil de fleurs ; se préserver du chaos d'une vie tumultueuse, instable et sans repères en réentendant des paroles qui traversent le temps et scandent le nôtre : « Prenez et mangez-en tous... »

---

15. Cette section s'inspire du chapitre sur le rituel dans le livre *Théâtre et Liturgie*, de F. Lefebvre, Montréal, Fides, 1998, p. 69-79.

Les rites sont donc une manière pour l'être humain de gérer l'angoisse qui surgit de son rapport avec les menaces, qui sont hors de son contrôle. Par les rites, les humains n'agissent pas sur le divin, mais ils travaillent leur rapport à Dieu et entre eux. Un rite sans lien avec le religieux articulera, fera travailler les personnes par rapport à un tiers, autre que Dieu. Par exemple, dans la célébration d'un anniversaire qui marque sa vie à deux, le couple se re-choisit et se repositionne face à l'engagement initial. Une sortie régulière permet au couple de redonner priorité à leur relation devant bien d'autres priorités. La répétition de tels événements est l'occasion de redire l'importance qu'ils ont l'un pour l'autre, leur amour mutuel.

Dans une famille où chacun vaque à ses occupations habituelles, le repas du dimanche soir peut être l'occasion d'un rituel. Noël, Pâques et l'Action de grâce représentent souvent un cri de ralliement auquel répondent les membres d'une famille dispersés ici et là.

Aujourd'hui, le couple est mis à l'épreuve et l'engagement fait peur. Les rituels peuvent être des ponts qui font traverser les couples au-dessus des eaux dangereuses que représentent les mythes évoqués au début de cet ouvrage, la peur de se perdre et de perdre l'autre, la menace d'une fade monotonie, etc. L'inventivité est la clé, puisque chaque couple est laissé à lui-même pour créer ses rituels, y demeurer fidèle tout en les gardant bien vivants.

Conclusion

NOTRE ÉPOQUE CHARRIE DES ILLUSIONS dont celle de pouvoir être *remis à neuf* par une psychothérapie qui ferait *sortir le méchant* pour le remplacer par du *bon*, quelque chose d'intact; ou encore une thérapie qui substituerait une façon de penser négative par une autre, plus *positive*. Mais le domaine affectif et psychique ne fonctionne pas par «remise à neuf» mais par une forme de «rénovation» qui ne change ni les fondations, ni la structure, mais qui «fait avec». Cela implique l'apprivoisement — et non la purge — d'aspects non désirés de soi et de manques parfois affligeants mais qui font néanmoins partie de soi.

Par exemple, faire le deuil d'une mère qui n'était pas celle dont on a rêvé, c'est délester nos proches de la tâche de l'incarner. Reconnaître et exprimer son agressivité face à l'autre, c'est éviter de lui faire porter l'odieux d'une colère qu'on n'arrive pas à assumer. Au lieu de croire que son conjoint est égoïste parce qu'il s'autorise des sorties hors du couple, celui qui réussit à assumer ses propres besoins et à y répondre malgré sa culpabilité préserve le couple de conflits sur la répartition du temps pour soi. Tout n'est pas projection, bien sûr, et des confrontations constructives ont leur place dans un couple. Il est clair, d'ailleurs, que l'expression d'émotions négatives est essentielle à la santé du couple, pourvu qu'il y ait plus de positivité que de négativité dans les échanges. S'il arrivait que les reproches et les blâmes prennent trop de place, chacun devrait alors se questionner sur sa capacité à se responsabiliser pour ce qui se passe au sein du couple.

Nos proches — le partenaire, l'enfant, le parent, même le chien ! — finissent toujours par payer le prix de souffrances qui ne les concernent pas. L'exemple de la chaîne de colère l'illustre bien : le patron sanctionne l'employé qui, à son tour, se querelle avec son épouse, qui dispute son enfant, qui frappe son petit frère qui, lui, donne un coup de pied au chien. Le travail global d'une psychothérapie consiste souvent à faire le deuil d'un manque à gagner affectif face auquel le conjoint ne peut être qu'un compagnon d'infortune ou le partenaire du nouveau départ d'une aventure que l'on souhaite heureuse. De même, la démarche thérapeutique nous amène à accepter des sentiments que l'on juge inacceptables à l'intérieur de soi, à les assumer, au lieu de tenter de les expulser et de les vivre par personne interposée.

On dit qu'aimer, c'est beaucoup de travail. On réfère ainsi à ce travail constant d'élucidation de soi sans lequel l'autre devient le réceptacle — je dirais même la poubelle ! — de ce que je n'arrive pas à intégrer ou à assumer. Il me semble que la continuité du couple va de pair avec cet effort constant de questionnement et d'introspection des conjoints pour qu'ils reconnaissent et rapatrient ce qui les fait souffrir personnellement afin de ne pas imposer à l'autre un sentiment ou une attitude qui ne lui appartient pas. C'est seulement ainsi que leur lien précieux pourra être préservé d'inutiles et dommageables écorchures.

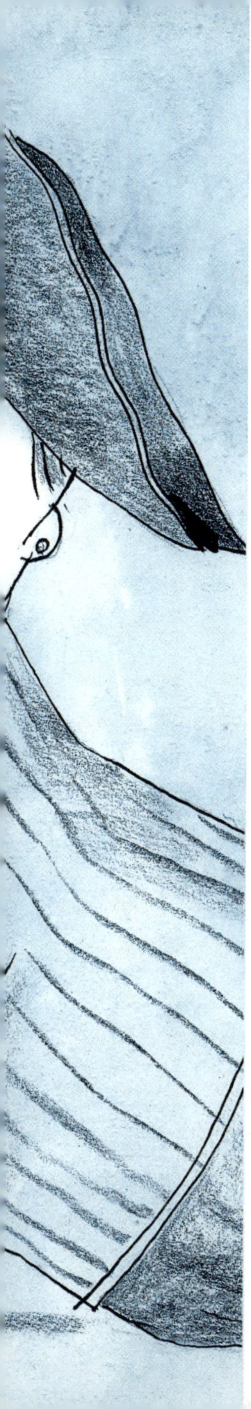

Table des matières

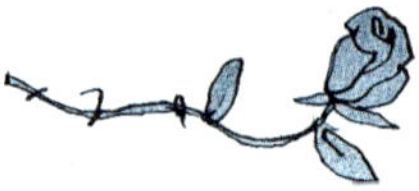

Ce livre a été imprimé au Québec
en février 2008 sur du papier entièrement recyclé
sur les presses de Marquis imprimeur.